RENCONTRES
195
Série *Colloques, congrès et conférences sur la Renaissance européenne*
20

Journal de voyage en Alsace et en Suisse

Cet ouvrage a été publié pour la première fois en 2000
dans la collection *Colloques, congrès et conférences sur la Renaissance européenne*
dirigée par Claude Blum.

Actes du Colloque de Mulhouse-Bâle

Montaigne

Journal de voyage en Alsace et en Suisse

(1580-1581)

Sous la direction de Claude Blum, Philippe Derendinger
et Anne Toia

PARIS
CLASSIQUES GARNIER

Claude Blum, professeur émérite de littérature française de la Renaissance à Sorbonne Université, est un spécialiste de Michel de Montaigne. Ses travaux ont renouvelé l'appréhension et l'édition des *Essais*. Il est l'auteur de nombreuses études de référence consacrées à Érasme, dont une traduction de *L'Éloge de la folie* (Paris, 2013). Nous lui devons également des éditions critiques de Voltaire et d'Honoré de Balzac.

Philippe Derendinger, de l'université de Bâle, a participé à l'édition critique de plusieurs corpus littéraires ayant donné lieu à des éditions numériques, dont le *Corpus des dictionnaires de l'Académie française*. Il fait également partie de l'équipe éditoriale du *Corpus de la première littérature francophone de l'Océan Indien, écrite et orale, des origines aux Indépendances (XVIII*e *siècle-1960)*.

Anne Toia, professeur de langue française en Suisse, est spécialiste de langue, littérature et histoire françaises de l'époque moderne. Elle a également été enquêtrice universitaire pour les éditions Slatkine.

Réimpression de l'édition de Paris, 2000.

ISBN 978-2-406-08884-4 (livre broché)
ISBN 978-2-8124-5254-3 (livre relié)
ISSN 2103-5636

OUVERTURE

Serge MOUSSA

Une rhétorique de l'altérité : la représentation de la Suisse dans le *Journal de voyage* de Montaigne

« Et me semble jouyr plus gayement les plaisirs d'une maison estrangiere... »

Essais, III, 9.

« Je ne dis les autres, sinon pour d'autant plus me dire ».

Essais, I, 26.

Lorsque Montaigne traverse la Suisse en 1580, il a dans ses bagages *La République des Suisses* de l'érudit zurichois Josias Simler[1]. A cette époque, il n'y a pas encore de guide de voyage consacré spécifiquement à la Suisse[2], comme le fameux manuel d'Ebel, à la fin du XVIIIe siècle[3].

---

1 Ils [les censeurs romains] me retinrent le livre des *histoires de Suisse* traduit en français, pour ce seulement que le traducteur est hérétique » (*Journal de voyage*, éd. Fausta Garavini, Paris, Folio/Gallimard, 1983, p. 222). *De Republica Helvetiorum* (Zurich, 1576) est traduit en français en 1577 par Innocent Gentillet.

2 Il est significatif que ce soit « un Munster » (c'est-à-dire la *Cosmographie universelle* de Sebastien Münster) que Montaigne regrette de n'avoir pu consulter avant de partir (*Journal de voyage*, *op. cit.*, p. 114). Il existait cependant des guides de voyage où la Suisse (ou une ville suisse) pouvait être décrite parmi d'autres pays, comme Bâle dans le fameux *Methodus apodemica* (Bâle, 1577) du médecin Theodor Zwinger (cf. Justin Stagl et al., *Apodemiken. Eine räsonnierte Bibliographie der reisetheoretischen Literatur des 16., 17. und 18. Jahrhunderts*, Paderborn, etc., Schöningh, 1983, t. II, p. 106).

3 Johann-Gottfried Ebel, *Anleitung auf die nützlichste und genussvollste Art die Schweiz zu bereisen*, Zurich, 1793, 2 vol. Cf. Gwenhaël Ponnau, « Sur les premiers guides de voyage modernes : l'exotisme mis en fiches et en cartes ? » (in : *L'exotisme*, actes du

Néanmoins, il existe déjà des représentations de « cette nation »[1]. Ces représentations sont instables, à l'instar de la Suisse elle-même, constituée d'un ensemble de cantons divers (et parfois opposés sur le plan politique) qui s'agrègent lentement les uns aux autres. Elles sont aussi ambivalentes, à la mesure d'un pays divisé par la Réforme, mais où le catholicisme et le protestantisme parviennent, dans certaines régions, à coexister sans s'anéantir.

Par ailleurs, indépendamment de leurs référents historiques, les images littéraires de la Suisse véhiculent des *imaginaires* différents. Selon le lieu d'où elles sont projetées, ces images peuvent, à la même époque, varier considérablement. *La République des Suisses* est ainsi un plaidoyer *pro domo*. Suisse lui-même, Simler a de son pays une vision idéalisée : « Ainsi donc ceste Republique establie par alliances perpetuelles, a conservé desia par l'espace de plus de deux cens ans sa liberté, avec grande concorde et incroyable union des cœurs de tous les Suisses »[2]. L'écrit a ici une fonction compensatoire : il prétend faire perdurer, en l'énonçant comme une vérité incontestable, une unité qui est précisément mise en cause par les guerres de religion. Le

---

colloque de La Réunion réunis par Alain Buisine et Norbert Dodille, Paris, Didier, 1988).

1 C'est le terme employé par le secrétaire de Montaigne, qui rédige la partie du *Journal de voyage* consacrée à la Suisse. Le mot *nation* implique que la Suisse pouvait déjà être perçue comme une unité à la Renaissance, bien qu'elle n'eût pas encore les contours géographiques qu'elle a aujourd'hui (à l'époque de Montaigne, elle constitue une confédération de 13 cantons, auxquels sont alliées certaines villes).

2 *La République des Suisses*, citée d'après la deuxième édition de la traduction française, Paris, 1578, p. 4.

texte de Simler n'a rien d'un tableau objectif : il peint la Suisse comme elle *devrait être*, et constitue à ce titre un acte de « résistance » contre la division dont le pays est menacé à la Renaissance.

Tout autre sera l'image qu'un voyageur *étranger* du XVIe siècle projette sur les Treize Cantons. Alexis François, dans son édition des *Sonnets suisses de Joachim Du Bellay*, discerne ainsi l'émergence d'une « Suisse à deux visages » chez le poète des *Regrets* (1558)[1]. Dans le même sonnet CXXXV, Du Bellay présente les Suisses d'une part comme un peuple bien administré (« La police immuable, immuables les lois ») et exemplaire par sa moralité (« ennemy de forfaicts et de vices »), d'autre part comme des ivrognes (« Ils boivent nuict et jour ») restés quasiment à l'état sauvage (« Ils hurlent comme chiens leurs barbares chansons »)[2]. Que faut-il penser de cette représentation manifestement contradictoire, où la Suisse apparaît comme un véritable paradoxe ? Et cette vision ambivalente construite à partir de stéréotypes est-elle plus juste que l'éloge de la Suisse prononcé par Simler ? Tout se passe comme si le *Journal de voyage* de Montaigne tentait non pas de répondre à cette question, mais de donner à voir la Suisse comme un pays *autre*, à la fois proche et étranger. Montaigne mettrait ainsi à l'épreuve, par l'expérience du voyage, les clichés qu'il a pu

---

1 *Les sonnets suisses de Joachim Du Bellay*, expliqués et commentés par Alexis François, Librairie de l'Université de Lausanne, 1946, p. 39.

2 *Ibid.*, p. 10. C'est en 1557 que Du Bellay traverse la Suisse, en revenant d'Italie.

lire ou entendre sur ce pays voisin dont un voyageur anglais s'étonnera encore, en 1714, qu'il soit « si peu connu »[1].

Mais, par un paradoxe qui n'est qu'apparent, le déplacement en pays proche est peut-être le meilleur révélateur des différences culturelles, comme l'a fait remarquer très justement Claude Blum[2]. Quoi de plus troublant, en effet, que d'être confronté à l'altérité lorsque l'on se trouve toujours à l'intérieur de la chrétienté qui constitue, pour un Européen de la Renaissance, le monde connu par opposition à l'« autre monde » (turc)[3] ?

Sans chercher à attribuer systématiquement à Montaigne ou à son secrétaire la responsabilité de tel propos sur la Suisse[4], je voudrais surtout mettre en évidence quelques

---

1 [Abraham Stanyan], *L'état de la Suisse, écrit en 1714*, Amsterdam, Wetstein, 1714, préface (éd. originale : *An Account of Switzerland written in the year 1714*, Londres, Tonson, 1714). On trouve la même remarque chez le pasteur vaudois Abraham Ruchat : « La Suisse est fort peu connüe, non seulement parmi les Etrangers, mais même parmi ses propres Habitans » (*Les délices de la Suisse*, Leide, van der Aa, 1714, t. I, préface).

2 « Dans les *Essais*, le voyage lointain a entre autres fonctions celle de figurer la première notion, la «nature humaine», dénominateur commun à tous les hommes ; en un mot, pour reprendre la formule de Montaigne, l'«être universel» du «moi». Par contre, le voyage en terre connue part à la recherche de la différence, de ce qui, au-delà de l'universalité de la «nature humaine», distingue les «peuples», les «nations», les «hommes entre eux»... » (« Montaigne, écrivain du voyage. Notes sur l'imaginaire du voyage à la Renaissance », in : *Autour du «Journal de voyage» de Montaigne, 1580-1980*, éd. François Moureau et René Bernoulli, Paris-Genève, Slatkine, 1982, p. 7).

3 *Ibid.*, p. 8.

4 La question est délicate et le débat à ce propos n'est pas clos. Fausta Garavini, dans l'introduction à son édition du *Journal de voyage*, insiste longuement sur l'importance du secrétaire comme personne

procédés rhétoriques par lesquels ce pays apparaît, dans le *Journal de voyage*, comme autre. Cette altérité, bien entendu, n'est pas toujours homogène. Remarques laudatives et dépréciatives peuvent alterner dans une même page, même si, dans l'ensemble, l'éloge l'emporte largement sur la critique de la Suisse. Par ailleurs, il n'y a guère, au XVIe siècle, de référence au modèle de la *liberté* helvétique tel qu'on le trouvera formulé chez les voyageurs de la deuxième moitié du XVIIIe siècle[1]. Il faut enfin remarquer que Montaigne ne traverse qu'une petite partie de la Suisse : il ne voit rien du bassin lémanique (donc des régions francophones), ni des cantons « primitifs » et de leur environnement alpestre. Un voyageur belge de l'époque romantique remarquera du reste avec une certaine clairvoyance que, du temps des écrivains « anciens » (parmi lesquels il cite Montaigne), « la *nature* n'étoit point encore inventée »[2]. Même si ce dernier et son secrétaire ne sont pas insensibles au paysage (les pages sur le

---

capable de porter sur le monde un regard autonome et comme instance narrative à part entière (*op. cit.*, p. 10). François Rigolot, en revanche, souligne la « confusion des voix narratives » résultant des interventions du maître dans le texte du serviteur (*Journal de voyage* de Montaigne, Paris, PUF, 1991, introduction, p. XV).

1 Sur ce point, voir les textes rassemblés dans l'anthologie sur la Suisse dirigée par Claude Reichler et Roland Ruffieux, Paris, Laffont, coll. Bouquins (à paraître). Le terme de *liberté* n'apparaît qu'une seule fois dans les pages sur la Suisse du *Journal de voyage*, qui plus est dans un contexte négatif : « Pour revenir à Constance, nous fûmes mal logés à l'Aigle, et y reçûmes de l'hôte un trait de la liberté et fierté barbare alémanesque, sur la querelle de l'un de nos hommes de pied avec notre guide de Bâle » (*op. cit.*, p. 109).

2 Théobald Walsh, *Notes sur la Suisse, la Lombardie et le Piémont*, 2e édition augmentée, Paris, Trouvé, 1825, t. I, p. 58 (souligné par l'auteur).

Tyrol en font foi), c'est avant tout un voyage urbain qu'ils accomplissent, avec pour principales étapes suisses Mulhouse (à cette époque alliée aux Cantons), Bâle, Baden, Schaffhouse et Constance.

La démarche la plus simple dans la construction de l'altérité, pour le narrateur du *Journal de voyage*, consiste à établir le tri entre ce qui est semblable à son univers culturel et ce qui en diffère. A propos de Baden, le secrétaire note ainsi : « les vêtements des femmes me semblent aussi propres que les nôtres »[1]. La ressemblance peut être positive, comme ici, mais elle peut aussi être accompagnée d'un regard critique : « L'exaction du paiement est un peu tyrannique, comme en toutes nations, et notamment en la nôtre, envers les étrangers »[2]. Parler d'autrui peut donc aussi être une façon de se voir soi-même, sans complaisance, selon un renversement de perspective que Montesquieu systématisera dans les *Lettres persanes*. La comparaison est un acte qui oblige le sujet voyageur à se décentrer momentanément, et à situer les valeurs qu'il tient pour spécifiques dans un contexte plus large.

Inversement, c'est la différence qui peut être mise en évidence : « Leur service de table [à Bâle] est fort différent du nôtre »[3]. Explicite dans ce cas, cette démarche est le plus souvent *implicite*. Il appartient alors au lecteur de deviner que telle observation relève d'un catalogue des différences. Le récit de voyage est ainsi truffé de remarques qui apparaissent

---

1 *Journal de voyage*, *op. cit.*, p. 100.

2 *Ibid.*, p. 104.

3 *Ibid.*, p. 93.

(syntaxiquement) comme de simples assertions, alors qu'elles présupposent une phrase du type : « contrairement à nous ». Ainsi lorsque le narrateur note qu'« ils [les Bâlois] font dîner les valets à la table des maîtres, ou à une autre voisine quant et quant à eux »[1], il marque du même coup un certain étonnement face à cette pratique « égalitaire ». Sans prononcer de jugement de valeur, il enregistre cet écart que constitue l'absence apparente de symbolisation de la hiérarchie sociale. D'ailleurs, tout ce paragraphe est déterminé par une généralité initiale, qui conduit à une explicitation des différences entre la France et la Suisse : « Il *ne* faut *qu*'un valet à la table des maîtres [...]. Et quant à la viande, ils *ne* servent *que* deux ou trois plats au coupon », etc.[2].

Le jeu du même et de l'autre peut donner lieu à des variations subtiles dans le *Journal de voyage*, dès lors que la notion de *différence* appartient elle-même à la sphère de référence du narrateur. Pour celui-ci, la diversité des costumes, fonctionnant comme une indication du rang des individus, relève de la normalité. Une rupture de celle-ci est donc aussitôt signalée : « Elles [les femmes] n'ont pas grande différence de vêtements pour distinguer leurs conditions »[3]. L'effacement des signes d'appartenance sociale conduit ainsi, paradoxalement, à déplacer le *même* au cœur de l'*autre*. Du coup, la variété des habits, qui constitue l'un des éléments essentiels que l'œil du voyageur appréhende chez

1 *Ibid.*

2 *Ibid.* Les termes soulignés par moi indiquent les marqueurs d'écart.

3 *Ibid.*, p. 100.

les peuples étrangers, devient au contraire une caractéristique française.

Au-delà de la simple prise en compte des différences, l'emploi du *comparatif* permet d'affiner la représentation d'autrui en plaçant celui-ci sur une échelle graduée. Quelques exemples de ce type montrent que le rédacteur du *Journal de voyage* est à l'évidence séduit par ces écarts : « Ils [les Bâlois] mangent beaucoup moins hâtivement que nous et plus sainement » ; ou bien, plus nettement encore, lorsque les voyageurs quittent Constance : « quant aux maisons privées [en Suisse], elles sont, et aux villes et aux champs, par la route que nous avons tenue, sans comparaison plus belles qu'en France »[1]. Une seule exception à ces comparaisons au profit des Suisses : l'absence d'une serviette de dimension respectable pendant les repas ![2]

Mais le procédé qui trahit le plus nettement la séduction qu'exerce la Suisse sur les voyageurs est l'emploi fréquent du superlatif pour décrire celle-ci. On ne compte plus les

1 *Ibid.*, p. 95 et 109. On retrouvera la même démarche comparative à propos de l'Italie, parfois au détriment de celle-ci (et au profit notamment de la Suisse alémanique, qu'il faut ici inclure, sans doute, dans le terme *Allemagne*) : « M. de Montaigne disait jusques lors n'avoir jamais vu nation où il y eût si peu de belles femmes que l'Italienne. Les logis, il les trouvait beaucoup moins commodes qu'en France et Allemagne » (*ibid.*, p. 177-178). On voit qu'il faut réviser l'affirmation de Hugo Friedrich, qui voyait dans le *Journal de voyage* « la sécheresse d'une observation objective qui suspend provisoirement le jugement pour percevoir le donné aussi exactement que possible » (*Montaigne*, trad. française, Paris, Tel/Gallimard, 1968, p. 266).

2 « Toutefois en Suisse il [Montaigne] disait qu'il n'en souffrait nulle que de n'avoir à table qu'un petit drapeau d'un demi-pied de long pour serviette » (*Journal de voyage*, *op. cit.*, p. 101).

qualificatifs précédés de « très » ou d'adverbes ayant la fonction de renforcer cet éloge des cités suisses alémaniques. Sans doute l'éloge des villes était-il, au XVIe siècle, « un *topos* littéraire emprunté à la rhétorique des anciens », comme l'a noté Jean-Claude Margolin[1]. Mais le *Journal de voyage* ne loue pas toutes les villes indifféremment. Et un certain goût de la provocation, qui poussait Montaigne à feindre de se désintéresser de Rome (« Il la désirait d'autant moins voir que les autres lieux, qu'elle était connue d'un chacun »)[2], devait le conduire à valoriser, par contre-coup, un pays comme la Suisse qui n'était à l'époque nullement à la mode[3]. En ce sens, il est permis de penser que Montaigne souscrivait à nombre de remarques euphoriques de son secrétaire. La maison du médecin Plater, à Bâle, est ainsi qualifiée par celui-ci de « fort grande, ample et somptueuse »[4]. On pourrait penser qu'il ne s'agit là que d'un cas particulier, représentatif d'une classe de notables plutôt que de l'ensemble de la population. Il n'en est rien. Après avoir affirmé la suprématie des Bâlois en matière de ferronnerie, le narrateur poursuit : « Ils sont aussi excellents en tuileries, de façon que les convertures des maisons sont *forts embellies* de bigarrures [...] ; il n'est *rien de plus délicat*

1 Dans sa présentation aux actes du colloque *Voyager à la Renaissance*, sous la dir. de J.-C. Margolin et Jean Céard, Paris, Maisonneuve et Larose, 1987, p. 12.

2 *Journal de voyage*, *op. cit.*, p. 154.

3 Cf. la bibliographie de Gavin R. de Beer, *Travellers in Switzerland*, Londres, etc., Oxford University Press, 1949 (« Chronological section »).

4 *Journal de voyage*, *op. cit.*, p. 90.

que leurs poêles qui sont de poterie. [...]. En chaque salle, qui est *très bien meublée* d'ailleurs, il y aura volontiers cinq ou six tables équipées de bancs [...]. Les moindres logis ont deux ou trois telles salles *très belles* », etc.[1]

Terre de beauté, la Suisse apparaît aussi comme une contrée de l'abondance : « Tout ce pays en est pourtant plein [de viande] et s'en sert tous les jours »[2]. Cependant, elle est parfois définie par ses *manques* – mais des manques qui ne sont pas soumis à une appréciation univoque. Si les voyageurs commencent par se plaindre de l'absence de draps (remplacés par un duvet « bien sale »)[3] dans les auberges bâloises, un peu plus tard, ils se décident à adopter les habitudes locales, conformément au désir d'intégration manifesté par Montaigne[4] : « Là [à Lindau], M. de Montaigne essaya à se faire couvrir au lit d'une coite, comme c'est leur coutume ; et se loua fort de cet usage, trouvant que c'était une couverture chaude et légère »[5].

Le manque peut d'ailleurs être d'emblée considéré comme une qualité par des voyageurs capables de renoncer à

1 *Ibid.*, p. 92 (c'est moi qui souligne).

2 *Ibid.*, p. 94. Cf. également p. 92 : « Ils ont une infinie abondance de fontaines en toute cette contrée ».

3 Surprenante image des Suisses, aujourd'hui plutôt connus pour leur obsession de la propreté : « Etant très malpropres au service des chambres : car bienheureux qui peut avoir un linceul blanc, et le chevet, à leur mode, n'est jamais couvert de linceul ; et n'ont guère autre couverte que d'une coite, cela bien sale » (*ibid.*, p. 93).

4 « M. de Montaigne, pour essayer tout à fait la diversité des mœurs et façons, se laissait partout servir à la mode de chaque pays, quelque difficulté qu'il y trouvât » (*ibid.*, p. 101).

5 *Ibid.*, p. 113.

leur « ethnocentrisme ». Par exemple les vins suisses, servis sans eau, sont « *si petits* que nos gentilhommes les trouvaient encore plus faibles que ceux de Gascogne fort baptisés, et *si ne laissent pas d'être bien délicats* »[1]. Pour reprendre une formule célèbre, on pourrait dire que la Suisse, dans le *Journal de voyage* de Montaigne, est placée sous le signe du *small is beautiful !* C'est du reste, au sens propre, une sorte de Suisse miniature qui ressort du regard panoramique que le voyageur porte sur Baden : « La ville est au haut, au-dessus de la croupe, petite et très belle comme elles sont quasi toutes en cette contrée »[2]. De l'observation particulière, on passe ainsi au tableau général, dans un glissement caractéristique du genre des récits de voyage. Mais cette modestie extérieure des cités helvétiques cache une richesse intérieure que dévoile le *Journal de voyage*. Le narrateur se montre sensible à l'urbanisme aéré de Baden, où l'architecture et la décoration des façades sont bien mises en valeur : « Car oultre ce qu'ils font leurs rues plus larges et ouvertes que les nôtres, les places plus amples, et tant de fenêtrages richement vitrés partout, ils ont telle coutume de peindre quasiment toutes les maisons par le dehors, et les chargent de devises, qui rendent un très plaisant prospect »[3]. On notera, au passage, l'usage récurrent du comparatif de supériorité dans cette description,

1 *Ibid.*, p. 93 (c'est moi qui souligne). A quoi fait écho le célèbre essai « De la vanité » : « Diogènes respondit selon moy, à celuy qui luy demanda quelle sorte de vin il trouvoit le meilleur : «L'estranger», feit-il » (*Essais*, livre III, chapitre 9 ; éd. Albert Thibaudet et Maurice Rat, Paris, Gallimard, coll. Pléiade, 1962, p. 928).

2 *Journal de voyage*, *op. cit.*, p. 97.

3 *Ibid.*, p. 97-98.

mais aussi la séduction que devaient exercer sur Montaigne ces « devises » peintes sur les maisons de Suisse orientale, comme si cette dernière était elle-même un texte à déchiffrer ! La lecture des auteurs anciens, dont le philosophe médite constamment la sagesse (notamment à travers des formes courtes : proverbes, sentences, apophtegmes...), interfère ici dans sa perception de l'espace urbain, agréable à voir *parce que* renvoyant au monde de l'écrit.

Parfois, la Suisse apparaît dans le *Journal de voyage* comme l'envers de la France. « Là où nous prenons nos robes de chambres chaudes et fourrées en entrant au logis, eux, *au rebours*, se mettent en pourpoint et se tiennent la tête découverte au poêle, et s'habillent chaudement pour se remettre à l'air »[1]. Cette figure de l'*inversion*, classique dans la rhétorique de l'altérité[2], n'implique ici nulle irritation – tout au contraire : « Nous nous appliquâmes incontinent à la chaleur de leurs poêles, et *est nul des nôtres qui s'en offensât* », précise le narrateur[3]. Il s'agit là d'autre chose que de simple relativisme culturel. Ce goût non dissimulé pour le renversement des valeurs, voire cet intérêt trouble pour la transgression scandaleuse (comme l'étonnante anecdote sur les transsexuels, au début du *Journal de voyage*)[4], trahissent

1 *Ibid.*, p. 102-103 (c'est moi qui souligne).

2 Cf. Francis Affergan, *Exotisme et altérité*, Paris, PUF, 1987, p. 86.

3 *Journal de voyage*, *op. cit.*, p. 102 (c'est moi qui souligne).

4 Le narrateur ne prend apparemment pas position lorsqu'il rapporte l'histoire de ces filles qui, dans un village près de Châlon-sur-Marne, « complotèrent, il y a quelques années, de se vêtir en mâles et continuer ainsi leur vie par le monde » (*ibid.*, p. 77). Mais le simple fait qu'il y

un plaisir du divers, une tentation d'échapper à ses propres modèles culturels, et parfois une jouissance de l'autre comme source de renouvellement intérieur. Bien sûr, ce souci d'autrui est aussi une fuite, qui permet à Montaigne de refouler provisoirement les tracas domestiques dont il se plaint dans les *Essais*[1]. Enfin le voyage, motivé d'abord par un souci thérapeutique (soigner la gravelle par des bains fréquents), est pour le malade une manière d'échapper à son propre corps par une multiplication des centres d'intérêt *extérieurs*, comme le perçoit très bien le secrétaire : « Je ne le vis jamais moins las ni moins se plaignant de ses douleurs, ayant l'esprit, et par chemin et en logis, si tendu à ce qu'il rencontrait et recherchant toutes occasions d'entretenir les étrangers, que je crois que cela amusait son mal »[2].

Les pérégrinations montaigniennes, par les rencontres qu'elles suscitent, apparaissent comme un véritable antidote non seulement aux maux physiques, mais aussi à la peinture infinie du moi. Au début bien connu de l'essai « De la vanité » (« Qui ne voit que j'ai pris une route par laquelle,

---

consacre une page (suivie d'une anecdote mettant également en scène un changement de sexe) montre qu'il n'y est pas indifférent. Que Montaigne ait lu l'histoire de Marie Germain chez Ambroise Paré, comme le soupçonne Charles Dédéyan (cf. *Essai sur le journal de voyage de Montaigne*, Paris, Boivin, 1946, p. 157), ou qu'il l'ait entendu raconter au village de Vitry, ne change rien à la fascination secrète qu'elle a pu exercer sur lui - et sur son secrétaire.

1 « Cette humeur avide des choses nouvelles et inconnues ayde bien à nourrir en moy le desir de voyages, mais assez d'autres circonstances y conferent. Je me detourne volontiers du gouvernement de ma maison » (*Essais*, III, 9, *op. cit.*, p. 925).

2 *Journal de voyage*, *op. cit.*, p. 153.

sans cesse et sans travail, j'iray autant qu'il y aura d'ancre et de papier au monde ? »), répond le mouvement incessant dont Montaigne voyageur semble agité : « Lui, de même, prenait un si grand plaisir à voyager qu'il haïssait le voisinage du lieu où il dût reposer… »[1]. Cette entreprise de *diversion* du moi et de suspension provisoire de l'écriture, dont fait partie la délégation de la rédaction du *Journal de voyage* à une autre instance narrative[2], implique chez Montaigne une attention plus aiguë au monde. Tout se passe d'ailleurs comme si le secrétaire se mettait parfois à l'unisson de ce besoin d'exotisme. Le lexique de sa relation en témoigne : « Nous y vîmes [à Bâle] de *singulier* la maison d'un médecin nommé Félix Platerus, la plus peinte et enrichie de mignardises à la française qu'il est possible de voir »[3]. Sans doute la comparaison renvoie-t-elle à l'univers culturel des voyageurs ; pourtant, il ne s'agit nullement d'une tentative de réduire une altérité dérangeante : la Suisse apparaît ici sur le mode proliférant qu'on a déjà noté : elle est comme une France *excessive*, donc « singulière » ; elle est donnée comme à la fois particulière et étrange, – par conséquent comme propre à susciter l'intérêt d'un esprit curieux de la Renaissance[4].

---

1 *Ibid.*, p. 154.

2 Confier la rédaction du journal de voyage à un secrétaire, n'est-ce pas pour Montaigne une façon de se mettre soi-même à distance comme narrateur et de se produire comme personnage d'un récit, c'est-à-dire de se dédoubler comme *autre* ?

3 *Journal de voyage*, *op. cit.*, p. 90 (c'est moi qui souligne).

4 Voir la communication de Michel Mollat du Jourdain dans les actes du colloque *Voyager à la Renaissance* (*op. cit.*, p. 306) : « Là où

La rencontre des personnalités appartenant au monde scientifique ou culturel est caractéristique des voyages en Europe de l'époque, et on a parfois l'impression que les étapes des voyageurs sont déterminées en fonction de la présence de tel savant à tel endroit, – au détriment de ce qu'une ville pourrait offrir de proprement « exotique ». Pourtant, une telle attitude ne signifie nullement que les contemporains étaient insensibles à la spécificité d'un espace autre, mais qu'ils retenaient de celui-ci des éléments différents des voyageurs ultérieurs. Si les voyageurs du XVIIIe et du XIXe siècles, par exemple, sont sensibles au paysage et à la faune alpestres, ceux de la Renaissance, à de rares exceptions près, n'ont pas l'expérience directe de la montagne. Le contact qu'ils peuvent avoir avec elle est en général médiatisé, notamment grâce à des collections d'objets rassemblés par des particuliers. Une année avant Montaigne, le Président de Thou a ainsi l'occasion de rendre lui aussi visite à Plater. Il décrit dans ses *Mémoires* l'écurie de celui-ci, où il découvrit « une espèce d'*âne sauvage*, de la grandeur des mulets de Toscane ou d'Auvergne, le corps

---

la tradition employait les mots *mirabilis* et «merveilles», un Thevet, au XVIe siècle, use du terme *singularité*. Le passage d'une expression à l'autre est très significatif. A l'étonnement admiratif ou craintif, crédule ou sceptique, se substitue l'observation de l'originalité et de l'individualité spécifique, singulière, dans le sens d'unique, de l'objet observé ».

court et de longues jambes », ainsi qu'« un rat de montagne de la grandeur d'un chat, qu'ils appellent une Marmotte »[1].

On voit qu'il n'est nul besoin, pour un homme du XVIe ou du XVIIe siècle, d'aller très loin pour éprouver une forme d'exotisme : le voyage dans des pays voisins suffit pour faire apparaître le monde – fût-ce par fragments – dans toute sa diversité. Parfois même, on devine l'émergence d'une sensibilité « moderne » aux forces de la nature. Grâce à sa géographie variée, la Suisse peut alors apparaître comme un espace privilégié de l'*altérité proche*. A l'intense « curiosité »[2] dont font preuve Montaigne et son secrétaire, répond un vocabulaire du dépaysement qui, au détour d'une phrase, fait surgir l'Afrique au cœur de l'Europe. Dans le *Journal de voyage*, les chutes du Rhin sont en effet qualifiées de « cataractes, comme celles du Nil »[3]. Cette simple comparaison permet d'« exotiser » la Suisse, et même d'une double façon, puisque l'aspect mouvementé du Rhin, « écumant et bruyant étrangement »[4], évoque plus

1 *Mémoires de la vie de Jacques-Auguste de Thou*, Amsterdam, L'Honoré, 1713, p. 64 (souligné par l'auteur) ; l'édition originale, en latin, date de 1620, et la première traduction française de 1711.

2 « Nous avions été là [à Baden] cinq jours avec toute la curiosité que nous pouvions, et n'avions ouï parler de ce que nous trouvâmes à l'issue de la ville » (*Journal de voyage*, *op. cit.*, p. 105).

3 *Ibid.*

4 *Ibid.* Cette comparaison des chutes du Rhin avec les cataractes du Nil, sera un véritable *topos* qu'on retrouvera jusque chez les voyageurs en Suisse du XIXe siècle. Marc Lescarbot, un peu après Montaigne, la reprendra lui aussi dans la partie de son poème consacré à Schaffhouse : le Rhin y coule « avec un bruit si grand, que ie l'egal à cil / Qu'aux catadupes fait le grand fleuve du Nil » (*Le Tableau de la Suisse et autres alliez de la France és hautes Allemagnes*, Paris, Perier, 1618, p. 47).

précisément la deuxième cataracte du Nil, celle qui marque pour les voyageurs en Orient la limite de leur excursion en Haute-Egypte – au-delà de laquelle commence la « barbarie » africaine. Les confins de la Suisse, ce pays si proche de la France, peuvent ainsi apparaître, dans le *Journal de voyage*, comme le lieu de l'« inquiétante étrangeté »[1] qui fascine Montaigne chez les peuples « sauvages ».

L'altérité helvétique se manifeste, dans le *Journal de voyage*, selon des *registres* différents. Si la fréquente formule « il y a » (catalogue descriptif typique de la relation de voyage) n'indique rien, *a priori*, sur le caractère plus ou moins exotique du prédicat[2], en revanche, l'inflation des « ils », dans certaines pages, trahit l'instauration d'une *distance* entre le narrateur et les habitants du pays décrit. Ainsi à propos d'un bâtiment observé au bord du Rhin, à Schaffhouse : « *ils* mettent là douze ou quinze grandes roues, par le moyen desquelles *ils* élèveront sans cesse grande quantité d'eau sur un plancher qui sera un étage au-dessus [...]. Tout au fond de l'eau, *ils* font un plancher fermé tout autour, pour rompre, disent-*ils*, le cours de l'eau [...]. *Ils* dressent aussi des engins par le moyen desquels on puisse

1 Cf. Olivier Pot, *L'inquiétante étrangeté : Montaigne*, Paris-Genève, Champion-Slatkine, 1993.

2 « Il y a des moulins d'eau à scier bois, *comme nous en avions vu plusieurs ailleurs*, et à broyer du lin et à piler du mil. Il y a aussi un arbre de la façon duquel nous en avions vu d'autres, même à Baden, mais *non pas de pareille grandeur...* » (*Journal de voyage*, *op.*, *cit.*, p. 106 ; c'est moi qui souligne).

hausser et baisser tout ce rouage... »[1], etc. L'utilité de ce système d'irrigation particulier devait séduire Montaigne, toujours intéressé par les inventions techniques[2]. On remarquera que les voyageurs ne se contentent pas du *spectacle* de cette machinerie, mais qu'ils cherchent à comprendre le fonctionnement de celle-ci en interrogeant ses utilisateurs. Du coup, c'est la voix de l'autre (« disent-ils ») qui se manifeste dans le discours du narrateur. Ni ignorés, ni réduits à un tableau abstrait, les Suisses du *Journal de voyage* apparaissent comme des interlocuteurs privilégiés pour obtenir des informations sur leur propre pays. A la fois objet du regard des voyageurs et médiation vers un espace nouveau, la population des cantons helvétiques contribue à la jouissance exotique de Montaigne. La soif de connaissances de celui-ci se manifeste en général au gré des rencontres, comme celle de ce seigneur de Baden « qui avait fort entretenu M. de Montaigne tout le jour précédent des affaires du pays des Suisses »[3]. Mais parfois la curiosité de Montaigne relève pratiquement de l'*enquête*, et prend la forme d'une vérification minutieuse d'un savoir préexistant : « Le mercredi, son hôte acheta force poisson ; ledit seigneur

1 *Ibid.*, p. 108 (c'est moi qui souligne). Voir également la description de la construction d'une galerie à l'aide de branches d'arbre : « Ils se servent [...], ils les replient [...]. Ils tordent [...]. Ils prennent [...] », etc. (*ibid.*, p. 106).

2 Voir l'introduction de François Rigolot à son édition du *Journal de voyage* de Montaigne (*op. cit.*, p. XXX) et la référence à Claude Blum pour le concept d'*utilité* (*ibid.*, note 47).

3 *Journal de voyage*, *op. cit.*, p. 99. Cf. également p. 103 : « Ce jeudi il parla à un ministre de Zurich et natif de là, qui arriva là ; et trouva que leur religion première était zwinglienne ».

s'enquérait pourquoi c'était. Il lui fut répondu que la plupart dudit lieu de Baden mangeaient le poisson le mercredi par religion : *ce qui lui confirma ce qu'il avait ouï dire*, que ceux qui tiennent là la religion catholique y sont beaucoup plus tendus et dévotieux que par la circonstance de l'opinion contraire »[1].

Mais toutes les conversations ne répondent pas à une intention aussi claire. Montaigne, on l'a souvent remarqué, se plaît à communiquer avec autrui. Son goût de la parole vive le pousse ainsi à répondre « fort longtemps » à « une longue harangue », note le secrétaire avec une pointe d'ironie[2]. De quoi parlèrent les convives ? Le *Journal de voyage* ne le dit pas, et au fond cela semble de peu d'importance en regard du simple *plaisir* de disputer. Loin d'apparaître comme une formalité à laquelle Montaigne se plierait malgré lui, le cérémonial d'accueil fait partie de l'ensemble des échanges verbaux auxquels le philosophe ne cède que trop volontiers. Aux discussions animées avec les savants bâlois (dont l'appartenance à différentes « sectes » protestantes multiplie les formes d'altérité)[3], répond, sur un mode plus ludique, le rituel des « harangues cérémonieuses »[4] lors des entrevues avec les autorités locales.

---

1 *Ibid.*, p. 102 (c'est moi qui souligne).

2 *Ibid.*, p. 90.

3 « M. de Montaigne jugea qu'ils étaient mal d'accord de leur religion pour les réponses diverses qu'il en reçut : les uns se disant zwingliens, les autres calvinistes, et les autres martinistes » (*ibid.*, p. 90-91).

4 *Ibid.*, p. 106.

Si Montaigne fait volontiers entendre la voix de l'autre en écho à la sienne propre, tous les dialogues du *Journal de voyage* ne se déroulent pas pour autant de façon harmonieuse. A Innsbruck, le secrétaire observe une scène assez amusante qui témoigne d'une certaine « naïveté » chez son maître, dont la curiosité humaniste semble parfois l'aveugler sur les compétences réelles de ses interlocuteurs : « M. de Montaigne, rencontrant une jeune belle garce en une église, lui demanda si elle ne savait pas le latin, la prenant pour un écolier »[1]. Cette interférence du savoir classique de l'auteur des *Essais* joue visiblement un rôle négatif, puisqu'elle perturbe la communication. Le voyage n'est alors plus un gage de *formation* (« Bildungsreise »), mais au contraire un révélateur des obstacles (les anthropologues modernes parleraient de « malentendus culturels ») que peut constituer un bagage intellectuel trop important dans la rencontre de peuples étrangers.

Mis à part de tels moments de *résistance*, où l'autre se manifeste au voyageur dans son altérité propre (il n'est pas ce qu'on attend de lui), les rencontres du voyage en Suisse sont pour Montaigne l'occasion de mettre à l'épreuve la validité de certains stéréotypes dépréciatifs. On a déjà évoqué ce sonnet des *Regrets* où Du Bellay dit des Suisses qu'« ils boivent nuict et jour ». Cette image négative doit être replacée dans le contexte général des guerres de la Renaissance, où les mercenaires suisses, au service des armées étrangères, étaient souvent soupçonnés d'introduire, une fois

1 *Ibid.*, p. 143.

de retour au pays, des mœurs « corrompues »[1]. On retrouve un écho de ce discours dans le *Journal de voyage*, mais avec un statut ambigu : « Plusieurs [Bâlois] se plaignirent à M. de Montaigne de la dissolution des femmes et ivrognerie des habitants »[2]. C'est à nouveau la voix de l'autre qui se fait entendre – ou en tout cas celle que lui prête le narrateur : celui-ci ne conteste pas le cliché en question, mais, en le plaçant dans la bouche des principaux intéressés, il prévient les critiques qui pourraient l'accuser de partialité. Rien ne permet pourtant d'affirmer qu'il reprend à son compte la charge de Du Bellay : car si certains Suisses eux-mêmes critiquent les mœurs de leurs compatriotes, cela suppose chez eux une conscience morale qui rend par avance caduc tout jugement hâtif reposant sur des préjugés nationaux.

Cela dit, les formules généralisantes ne sont pas absentes du *Journal de voyage*. Ce texte, on l'a vu, n'est nullement une simple juxtaposition d'observations objectives. Pour ce qui est de la Suisse, l'image souvent idéalisée qui en est donnée trahit au contraire la forte subjectivité des voyageurs. A la mention initiale de l'éloge prononcé par Montaigne (« Il prit un plaisir infini à voir la liberté et bonne police de

---

1 Cf. les *Exhortations aux Suisses en général pour leur conservation, contre les esmeutes et dangers du temps present* (1558) de Josias Simler : « Or a mon grand regret leur modestie [à mes aïeux] et sobrieté est changee en toute sorte de dissolution. On ne voyait entr'eux l'usage excessif des soyes et d'autres superfluitez. [...]. Ainsi nos peres s'ornoyent de ce qui frape sur l'or, ne s'adonnans pas à engorger du vin, et à faire une passe-passe de cartes ou de dez, ni faire du jour la nuit, ni à ce qui rend les hommes mols et effeminez, l'or et l'argent ne leur estant si commun temoin » ([Genève], Cartier, 1607, p. 4).

2 *Journal de voyage*, *op. cit.*, p. 91.

cette nation »)[1] fait écho, sur un mode légèrement distancié, le jugement du secrétaire : « C'est une très bonne nation, même à ceux qui se conforment à eux »[2].

Cet éloge de la Suisse s'accompagne parfois d'une critique de la France, qui passe par un renversement du point de vue : « Là [à Kempten] se témoigna ce que disait ailleurs [à Bâle] M. de Montaigne : que ce qu'ils oublient du nôtre, c'est qu'ils le méprisent ; car ayant grand-foison de vaisselle d'étain, écurée comme à Montaigne, ils ne servirent que des assiettes de bois, très polies à la vérité et très belles »[3]. Les Suisses ne sont nullement des « sauvages », semble penser Montaigne : ils possèdent au contraire tous les raffinements de la civilisation française, mais ils peuvent bien s'en passer – ce qui est d'autant plus facile que leurs objets artisanaux sont à la fois rustiques *et* esthétiques. L'idée d'un art « naturalisé » devait à coup sûr séduire l'auteur des *Essais* qui, pour sa part, cherchait précisément à se peindre de façon « simple, naturelle et ordinaire »[4].

L'observation des coutumes étrangères, ajoutée au désir de se conformer aux habitudes locales, devait conduire Montaigne à apparaître à ses propres yeux comme un personnage nouveau. Tout se passe comme si le voyage lui servait de théâtre où il puisse se donner en spectacle à soi-

1 *Ibid.*, p. 89. Est-ce un souvenir du premier quatrain du sonnet sur les Suisses de Du Bellay : « La police immuable, immuable les lois » ?

2 *Ibid.*, p. 101.

3 *Ibid.*, p. 117.

4 Adresse « Au lecteur » des *Essais*, *op. cit.*, p. 9.

même. L'éloge du « naturel » n'est du reste qu'un *masque* revêtu par le voyageur pour se donner à voir comme un être multiple et séduisant, capable de changer à volonté de costume suivant les pays où il se trouve. Dans cette perspective, le regard de l'autre permet de légitimer la position centrale occupée par l'acteur et de varier l'éclairage de la scène où continue de se jouer, pour celui qui emporte avec soi les *Essais* en vue de les offrir au roi de France et au pape, la construction littéraire de son identité. Ce goût du travestissement est sans doute l'une des raisons pour lesquelles il refuse de rectifier la méprise des officiers d'Augsbourg qui prennent sa petite troupe « pour barons et chevalier »[1]. Nullement opposé au jeu du paraître, Montaigne voyageur est au contraire tout prêt à entretenir un quiproco où il apparaisse aux yeux d'autrui *comme autre*.

Ce qu'un tel épisode du *Journal de voyage* présente sur le mode ludique, les *Essais* le traitent sur le plan philosophique. Tout le chapitre « De l'usage de se vestir » (I, 36) est une rêverie sur la façon dont Montaigne *pourrait être* s'il était né sous un climat différent : sa peau serait plus rugueuse, il aurait tel ou tel vêtement, il ne porterait pas de chaussures, etc., – autant d'éléments qui trahissent une tentation du divers. Montaigne ne se perçoit pas dans la plénitude de son être, il le dit souvent et le répètera dans les dernières adjonctions apportées aux *Essais* après son voyage : « Moy à cette heure et moy tantost, sommes bien deux »[2]. Du simple

1 *Journal de voyage, op. cit.*, p. 127.

2 *Essais* III, 9, *op. cit.*, p. 941.

fait qu'il jette un regard rétrospectif sur soi, le sujet se dédouble et ne peut plus adhérer totalement avec ce qu'il était jadis. Mieux encore : la conscience montaignienne, on le sait, se donne à voir comme fondamentalement clivée, comme une identité fracturée qui contient en soi son autre – *ses* autres, faudrait-il dire : il y a, dit Montaigne dans « De l'inconstance de nos actions » (II, 1), « autant de différence de nous à nous mesmes, que de nous à autruy »[1]. C'est dire que parler de la Suisse comme d'un lieu d'*altérité multiple* – tel que le fait Montaigne, *via* son secrétaire – c'est encore parler de soi-même. « Le voyager me semble un exercice profitable. L'ame y a une continuelle exercitation à remarquer les choses incogneuës et nouvelles ; et je ne sçache point meilleure escolle, comme j'ay dict souvent, à former la vie que de luy proposer incessamment la diversité de tant d'autres vies, fantaisies et usances »[2].

Le voyage est une « posture » du sujet en mouvement qui ne peut que séduire Montaigne, pour qui la seule chose certaine est le « branle » universel[3]. Jouant d'abord le rôle de diversion à la « sotte entreprise »[4] de se peindre soi-même, le *Journal de voyage* permet cependant à l'auteur des *Essais* de faire retour sur soi en retouchant son œuvre par des ajouts

1 Cité par Gérard Defaux dans son bel exposé : « Rhétorique de la représentation dans les *Essais* : de la peinture de l'autre à la peinture du moi », in *Rhétorique de Montaigne*, actes du colloque de la Société des amis de Montaigne réunis par Frank Lestringant, Paris, Champion, 1985, p. 25.

2 *Essais*, III, 9, *op. cit.*, p. 951.

3 Cf. par exemple *Essais*, III, 2 : « Le monde n'est qu'une branloire perenne » (*ibid.*, p. 782).

4 *Ibid.*, p. 364 (II, 8).

successifs[1]. Semblable, dissemblable, ou opposée à la France, la « Suisse » représente différentes formes d'altérité qui répondent aux multiples facettes du moi. Le récit de ce voyage aura permis à Montaigne de se donner à voir en *exote*[2], et constitue en ce sens un complément logique à la quête d'une identité... toujours autre.

Sarga MOUSSA
FNRS, Suisse

1 C'est notamment dans l'essai « De la vanité » (III, 9) que Montaigne ajoute, pour la réédition de 1588, des réflexions sur lui-même en rapport avec son voyage : « Je respons ordinairement à ceux qui me demandent raison de mes voyages : que je sçay bien ce que je fuis, mais non pas ce que je cerche » (*ibid.*, p. 954). Sur l'importance des années 1580-81 dans le développement de la pensée de Montaigne, cf. Imbrie Buffum, *L'influence du voyage de Montaigne sur les Essais*, Princeton, 1946.

2 Terme emprunté à Victor Segalen, *Essai sur l'exotisme. Une esthétique du divers*, [Montpellier], Fata Morgana, 1978.

AU FIL DE L'EAU : L'ITINÉRAIRE DE MONTAIGNE EN SUISSE

Il est assez rare au XVIe siècle que les particuliers avouent voyager pour le seul plaisir de la curiosité touristique. A une époque où l'oisiveté est encore considérée comme une infraction, un prétexte sérieux est requis pour autoriser les « vacances » que réclame la flânerie du voyage[1]. Aussi Montaigne se souviendra-t-il que le pèlerinage religieux constituait depuis le moyen âge la justification obligée de toute pérégrination : l'itinéraire du *Journal de Voyage en Suisse, Allemagne et Italie* se donnera pour objectif déclaré la visite du sanctuaire de Notre Dame de Lorette, près d'Ancône, où l'essayiste ne manquera pas de déposer un ex-voto[2]. Cet acte de dévotion apparente qui scandalisera au siècle des Lumières les lecteurs philosophes du *Journal*, n'a pourtant rien de surprenant : il consacre en l'espèce le déplacement de la quête religieuse ou métaphysique en direction d'une enquête anthropologique recentrée sur le questionnement d'un moi à la recherche de sa vérité propre (vingt ans plus tard, Descartes entreprendra le même pèlerinage à Notre Dame de Lorette à la suite d'un songe qui l'a troublé et dont le pèlerinage viendrait éclairer et

1 « Voyager », c'est en effet « prendre des vacances » : l'étymologie du mot « congé » n'est-elle pas *commeare/commeatus* (« action de s'en aller »/ « congé ») ?

2 Voir Marie-Christine Gomez-Geraud, « Montaigne et la Santa Casa de Lorette : Un ex-voto encombrant », *in Le Lecteur, l'auteur et l'écrivain*, Actes du colloque International de Haïfa, 1992, éd. Ilana Zinguer, Paris, Champion, 1993, pp. 153-165.

cautionner l'option philosophique)[1]. Il convient en effet d'ajouter que Montaigne trouve parallèlement, pour justifier son projet de voyage, une légitimation plus prosaïque et laïque dans la raison médicale : le périple prétextera l'expérimentation (l'« essay » ?) des vertus des cures thermales dont l'écrivain-voyageur espère la guérison de la maladie de la pierre, l'hérédité paternelle modélisant en l'occurrence le besoin d'authentifier une généalogie à la fois douloureuse et gratifiante. Cette double justification (*pèlerinage* et *cure thermale*) n'en forme au demeurant qu'une seule : réalisant un investissement du religieux dans la sphère privée, effectuant un transfert du *salut* à la *santé*[2], elle dessine l'espace d'une réflexion nouvelle où la destinée individuelle vise – en réélaborant une religiosité archaïque – à se doter d'une autonomie à portée et à valeur universelles. A ce scénario général qui gouverne le Voyage en Italie de

1 « Quoiqu'il en soit, l'impression qui lui resta de ces agitations lui fit faire le lendemain diverses réflexions sur le parti qu'il devait prendre. L'embarras, où il se trouva, le fit recourir à Dieu, pour le prier de lui faire connaître sa volonté, de vouloir l'éclairer, et le conduire dans la recherche de la vérité (...) Il prit occasion du voyage qu'il méditait en Italie dans peu de jours pour former le vœu d'un pèlerinage à Notre-Dame de Lorette », Descartes, *Œuvres Philosophiques*, Paris, Garnier, 1963, t. 1, p. 60.

2 Ce transfert existe dès l'origine des bains, à la fois lieux de culte et de cures, cf. B. Caulier, *L'eau et le sacré. Les cultes thérapeutiques autour des fontaines en France, du moyen âge à nos jours*, Paris, 1990. Il arrivait d'ailleurs souvent que le privilège d'exploitation des stations thermales était octroyé à des monastères de religieux ou de religieuses : les Dames du Chapitre de Remiremont possédaient ainsi le *bain de la Reine* à Plombières ; les Capucins étaient propriétaires des bains de Bade, d'Aix-la-Chapelle, de Spa, de Forges ; les Célestins de ceux de Vichy et les Cordeliers de ceux d'Alise-Sainte-Reine, etc...

Montaigne et qui obéit à cette volonté de substituer un bonheur proprement humain au bonheur promis par la religion sans que le premier ne perde néanmoins la garantie transcendantale accordée au second, le passage par la Suisse et l'Allemagne confèrerait initialement une valeur programmatique et indicielle.

A première vue surprenant, l'itinéraire choisi par Montaigne nous invite à imaginer à cet égard deux fables illustrant le projet anthropologique du Voyage montaignien. La première fable concerne la prépondérance du motif de l'eau dans la première partie du Journal : le voyageur se déplace en suivant la pente de l'eau, non seulement bien sûr parce qu'il recherche les villes de cure thermale comme Plombières, Baden et la Villa près de Pise, mais aussi parce qu'au moins jusqu'à Venise, ville elle-même bâtie sur l'eau, le parcours est censé épouser les méandres des vallées fluviales, celle de la Moselle d'abord, celles du Rhin, de l'Isar et de l'Inn ensuite, enfin la haute vallée de l'Adige. La seconde fable prend en charge la valeur initiatique accordée à la traversée de la Suisse et de l'Allemagne[1] : à observer le regard amical que le voyageur jette sur l'aire géographique ainsi délimitée, on a le sentiment que Montaigne perçoit la civilisation qui se développe au Nord des Alpes comme un contre-modèle politique et culturel qui pourrait remplacer avantageusement le modèle défaillant représenté jusqu'alors

1 Voir W. Leiner (Tübingen), « Du voyage en pays germaniques. Intertextualités et portée du *Journal de Voyage* de Montaigne », *in Colloque de Montaigne : Espace Voyage Ecriture*, 23-25 septembre, 1992 à l'Université Aristote de Thessalonique, éd. Z. Samaras, Paris, Champion, 1995, pp. 55-64.

par la Rome antique et moderne. L'axe dessiné par la partie Suisse-Allemande du Voyage recompose en quelque sorte mythiquement la « ligne » de front ou de fracture sur laquelle s'est joué l'avenir politique et religieux de la Chrétienté : sièges des grands Conciles qui inaugurent les bouleversements des temps modernes, Bâle, Constance, Augsbourg, Trente ne forment-ils pas autant de lieux de passage et de réunion entre les différentes sensibilités idéologiques et politiques tant de l'Orient que de l'Occident, lieux qu'une sorte de déterminisme géographique situe au centre de l'Europe comme sa frontière intérieure ou son point d'équilibre et de gravité. Pour Piccolomini par exemple que le Huguenot Pierre Ramus n'hésite pas à appeler, dans sa *Louange de Bâle* (1570), le « Romulus de notre Rome (Bâle) »[1], la ville des bords du Rhin n'est-elle pas le centre naturel de la Chrétienté, comme bâtie tout exprès pour abriter un concile, admirablement située qu'elle est par son climat équidistant des extrêmes et donc remarquablement sain, sans compter les commodités apportées par le Rhin, cette exceptionnelle voie de communication fluviale[2]. Dans leur complémentarité ces deux fables : prédominance de l'eau et image exemplaire de la Suisse ou de l'Allemagne, révèleront une part du projet implicite ou de l'arrière-pensée qui guident secrètement Montaigne dans son voyage vers l'Italie.

---

1 Alfred Berchtold, *Bâle et l'Europe. Une histoire culturelle*, Lausanne, Payot, 1990, 2 vol., p. 114.

2 Lettres adressées au cardinal Cesarini (1433-34) et à l'évêque de Tours (1438). Cf. A. Berchtold, *op. cit.*, p. 117.

Pentes, ponts et passages

Occupons-nous d'abord de l'obsession de l'eau : elle est significativement à l'œuvre dans la partie suisse et allemande du voyage. Depuis Plombières, Montaigne voyage au fil de l'eau, il suit au hasard, comme je l'ai déjà suggéré, la pente de ces voies de communication naturelles que sont les vallées fluviales. Refusant l'attitude du géographe « cosmographe » qui aurait une vision abstraite des lieux, Montaigne se révèle être au contraire un « topographe » sensible aux accidents de terrain formés par le cours aléatoire des rivières et des fleuves, attentif non à une vue cavalière de l'ensemble mais au détail particulier et à la singularité des lieux, et notamment à la résurgence fortuite des fontaines et des sources. Ainsi les recommandations édictées par les *Essais* :

> Il nous faudroit des topographes qui nous fissent narration particuliere des endroits où ils ont esté (...) Car tel peut avoir quelque particuliere science ou experience de la nature d'une riviere ou d'une fontaine, qui ne sçait au reste que ce que chacun sçait (205 A)[1].
>
> Qu'on luy mette en fantasie une honeste curiosité de s'enquerir (de) tout ce qu'il y aura de *singulier* autour de luy (...) : un bastiment, une *fontaine*, un homme » (156 A)[2].

---

1 Toutes nos références aux *Essais* renvoient à la pagination de l'édition P. Villey et V. L. Saulnier, *La Guilde du Livre Lausanne*, Presses Universitaires de France, 1924.

2 Sur la différence entre cosmographe et topographe, voir F. Lestringant, « Montaigne topographe et la description de l'Italie », *in Montaigne e l'Italia*, éd. E. Balmas, Genève, Slatkine, 1991.

se laissent mieux évaluer à travers les expériences topographiques qui parsèment le *Journal* :

> Nous suivismes longtemps un très-beau et très-plaisant vallon, costoyant la riviere de Moselle (14)[1].
> Basle. Belle ville (...) de deux pieces, car le fleuve traverse par le milieu sous un grand et tres large-pont de bois (15).
> (Nous) prismes le chemin le long du Rhin, deux lieues ou environ ; et puis le laissasmes sur la main gauche, suivant un pays bien fertile et assez plain (16).
> Apres disner, nous passasmes la rivière de l'Aar à Brugg, petite ville de MM. de Berne (19).
> De là nous passasmes à un bac qui se conduit avec une poulie de fer attachée à une corde haute qui traverse la rivière de La Reuss qui vient du lac de Lucerne (20).
> Nous vinsmes passer le Rhin à Kaiserstuhl (...) ; et delà suivismes ladite riviere (...) jusqu'à ce que nous rencontrasmes des saults (...) qu'ils appellent des cataractes, comme celles du Nil (...) au dessous de Schaffouse (26).
> Nous passasmes le long du Rhin que nous avions à nostre main droite jusqu'à Stein, petite ville alliée des cantons, de mesme religion que Schaffouse (...) où nous repassames le Rhin sur un autre pont de bois ; et costoyant la rive, l'ayant à nostre main gauche, passasmes le long d'une autre petite ville, aussi alliée des cantons Catholiques. Le Rhin s'espand là en une merveilleuse largeur (...) puis se resserre jusques à Constance (27).

On pourrait aisément multiplier les exemples. Tous montreraient le voyageur Montaigne vagabondant le long du Rhin, sautant joyeusement d'une rive à l'autre, franchissant allégrement les ponts, traversant les lacs sur des bacs, admirant l'activité portuaire de villes agréablement situées

1 Les références entre parenthèses renvoient aux pages de l'édition F. Rigolot du *Journal de Voyage*, Paris, Presses Universitaires de France, 1992.

sur le parcours des fleuves. « Nous passasmes... Nous vinsmes passer... » Si les *Essais* auront la prétention de peindre non « l'être, mais le passage », s'ils se complairont à faire rimer *voyage* avec *passage*[1], où sinon à Bâle un tel programme serait-il le plus fidèlement réalisé, Bâle dont le toponyme évoque justement « le passage » ?

> Basilée s'appelle, non du mot grec, mais parce que base signifie passage en Allemant (15)[2].

C'est même cette idée de « passage » qui en définitive permet de réintégrer l'autre étymologie grecque, Bâle-Basilé se voyant comparer au premier chef à la ville royale de Blois – haut lieu de la dynastie française[3] – précisément parce qu'elle a le bonheur de réunir aussi les deux rives d'un fleuve

> Belle ville de la grandeur de Blois ou environ, de deux pieces, car le Rhin traverse par le milieu sous un grand et très-large pont de bois (15)[4].

---

1 Voir Cl. G. Dubois, « Voyage et passage chez Montaigne : interférences et réversion de l'espace et du temps », *Colloque de Montaigne : Espace Voyage Ecriture*, 23-25 septembre, 1992 à l'Université d'Aristote de Thessalonique.

2 Montaigne pense peut-être à l'étymologie suggérée par S. Münster, *Cosmographie*, 1568, qui fait dériver *Basel* de *Pass* (le passage) par le relais de *Pasel*.

3 Désirant faire de sa ville une capitale de la Réforme, Oecolampade donnera ainsi à Bâle le titre de « civitas Basileos magni », « cité du grand Roi » (Jésus-Christ), sans doute en souvenir de Piccolomini, qui préférait relier le nom de la ville à « Basis » : « fondement », puisque Bâle est le centre et le fondement de la Chrétienté. Voir Berchtold, *op. cit.*, p. 117.

4 Un autre voyageur, bien plus inquiétant celui-là, fera la même constatation : « De Strasbourg il vint à Bâle en Suisse, là où le Rhin

Lui-même homme de la pensée-limite et des savoirs-frontières, Montaigne ne saurait donc chercher une meilleure patrie intellectuelle que dans cette ville devenue depuis le séjour d'Erasme une ville de transit et d'échange des cultures, et dont la bulle de fondation pour l'Université (jouxtant précisément le Rhin au *Rheinsprung*) avait magnifié en 1459 la situation privilégiée à la frontière de plusieurs nations – *in confinibus plurium diversorum ydeomatum patriarum*[1] – pour ne rien dire de la présence des conciles et des premiers humanistes qui illustreront sa vocation internationale.

Au reste, le passage du Rhin et le franchissement des ponts auxquels fait rêver le nom de Bâle réactualise aux yeux de Montaigne un modèle fascinant qui sert de précédent : celui de César, le seul grand conquérant de l'Antiquité avec Alexandre qui ait eu une vision cosmopolite de la politique. Ce n'est pas un hasard si les trois essais où l'auteur s'abandonne à son obsession de la médiation et de la communication transfrontalières évoquent les campagnes du Rhin conduites par le capitaine romain ainsi que ses exploits de « passeur » des voies fluviales. Ainsi dans l'essai « Des Postes » consacré à la rapidité des communications, César s'avère être un

passe presque par la moitié de la ville ». Ensuite Méphistophélès conduit son protégé au lac de Constance qui « ce dist l'esprit à fauste, a 20 000 pas de long de 15 000 pas de large », cf. Pierre-Victor Palma-Cayet, *L'Histoire prodigieuse du Docteur Fauste*, 1598, Genève, Droz, 1982, p. 124

1 Berchtold, *op. cit.*, p. 218.

> (A) furieux courier, car là où les rivieres luy tranchoient son chemin, il les franchissoit à nage ; (C) et ne se destournoit du droict pour aller querir un gué ou un pont (680).

L'essai II, 34 intitulé « Observations sur les moyens de faire la guerre de Julius Caesar » insistera pour sa part sur les exploits de nageur de César, la science de la natation l'emportant, aux yeux du chef de guerre, sur toutes les autres disciplines du savoir :

> Quand les anciens Grecs vouloient accuser quelqu'un d'extreme insuffisance, ils disoyent en commun proverbe qu'il ne sçavoit ny lire ny nager. Il (César) avoit ceste mesme opinion, que *la science de nager estoit tres-utile à la guerre, et en tira plusieurs commoditez :* s'il avoit à faire diligence, il *franchissoit* ordinairement à nage les rivieres qu'il rencontroit. (En Egypte), il aima mieux se jetter en la mer et gaigna sa flote à nage (...) tenant en sa main gauche ses tablettes hors de l'eau (742 A)[1].

On a de la peine à imaginer que cette corrélation entre les dons de nageur et la science du commandement que Montaigne connaissait par son cher Plutarque ne créait pas, au moment où l'essayiste passe le Rhin à Bâle, une analogie de situation entre César et les Confédérés que la natation était connue pour aguerrir. Le gentilhomme Gascon ne lisait-il pas dans la *République des Suisses* de Simler – ouvrage qu'il avait emporté dans son Voyage – cet éloge des

1 Chez Rabelais, « l'éducation du prince » met aussi en œuvre ces performances de César : « Nageoit en parfonde eaue, à l'endroict, à l'envers (...) tenant un livre, transpassoit toute la riviere de Seine sans icelluy mouiller (...), comme faisoit Jules César » (*Gargantua*, ch. 23).

performances que suscitait la topographie particulière de l'Helvétie ?

> Outreplus, j'estime qu'en toute la Chrestienté n'y a peuple qui s'exerce *tant à nager que les Suisses*, lesquels traversent aisément à la nage de grands lacs et fleuves fort impetueux, *dont le pays est abondant*[1].

En tout état de cause, il est constant que cette faculté de déplacement et de franchissement des obstacles naturels que sont les fleuves, le même Essai la réserve à chaque fois et en priorité à la construction des ponts qui doivent enjamber le Rhin et le Rhône. *Rheni mihi Caesar in undis Dux erat, hic socius* (737 A) : la phrase de Lucain qui cristallise la révolte de Pompée contre les ambitions démesurées de César n'est invoquée que pour souligner les qualités d'ingénieur mises en œuvre par le conquérant dans ses campagnes de Suisse et d'Allemagne et confirmer ainsi l'interdépendance entre le pouvoir et les qualités de « passeur » :

> *Là où il parle de son passage de la riviere du Rhin vers l'Alemaigne*, il dit qu'estimant indigne de l'honneur du peuple romain qu'il *passast* son armée à navires, *il fit dresser un pont afin qu'il passat à pied ferme. Ce fust là qu'il bastist ce pont admirable dequoy il dechifre particulierement la fabrique* (...) La premiere fois qu'il sortit de Rome avec charge publique, il arriva en huit jours *à la riviere du Rhône* (738 A)[2].

1 Josias Simler, *La République des Suisses*, éd. 1598, p. 177.

2 Montaigne donne à l'énumération des déplacements rapides de César une conclusion géographique significative : « puis vint *au pays du Pont* ».

L'Essai « Un traict de quelques ambassadeurs » soulignera bien sûr que César préférait donner de lui-même l'image d'un « excellent ingenieur » plutôt que celle d'un stratège et « faire entendre ses inventions à bastir ponts et engins » plutôt que ses exploits militaires (72 C), comme si en définitive le génie n'était, sur les bords du Rhin et face aux Germains, proprement que le « génie civil ». Mais le titre de l'essai programme encore tacitement une autre corrélation : l'ingéniosité du « pontonnier » annonce l'habileté de l'« ambassadeur » (n'oublions pas que Montaigne désirait être nommé « ambassadeur » à Venise, cette ville d'eau qui constitue le terme de l'itinéraire fluvial dessiné depuis Bâle)[1]. Certes, Montaigne avoue-t-il pour sa part n'avoir aucune aptitude « à nager, à escrimer, à voltiger et à sauter » (642 A)[2], néanmoins l'essai « Des Coches » revendiquera en remplacement sinon l'activité d'ambassadeur, du moins celle de *courier* : « Je n'ay pas esté des plus foibles en cest exercice » (680 B), tandis que la démarche fondamentale de l'essayiste – devenue celle d'un « lecteur bon nageur » qui imite symboliquement les performances de César – se satisfera désormais de sonder tous les gués et tous les passages des livres :

> Aux essais que j'en fais ici, j'y employe toute sorte d'occasion. Si c'est un subject que je n'entende point, à cela

---

1 Témoin de ces liens entre les deux villes d'eau, il existait à Bâle une maison « von Venedigt » dans la cour de laquelle Montaigne pouvait d'ailleurs admirer une des plus belles fontaines du lieu.

2 Il reconnaît toutefois s'être sauvé plusieurs fois d'un danger en traversant une rivière, échappant de cette manière à des ennemis qui étaient à sa poursuite (711 B).

> mesme *je l'essaye, sondant le gué de bien loing* ; et puis le trouvant trop profond pour ma taille, je me tiens à la rive (301 A).
> Les escrits d'Héraclitus (...) avoient besoin d'*un lecteur bon nageur*, afin que la profondeur et pois de sa doctrine ne l'engloutist et suffucast (1068 C)[1].

Mais le voyage de Montaigne sur les bords du Rhin fait davantage que préfigurer au second degré les méandres d'une écriture essayiste. Il en concrétise au surplus la matière idéologique et épistémologique : surdéterminé par la proximité des fleuves, le trope de l'eau qui modélise l'expérience des *Essais* comme stratégie de passage, exploration des frontières et exploitation des sinuosités, dévoile – ainsi que nous allons le voir bientôt – les connexions que la rêverie montaignienne entretient par nature à la fois avec la technologie et avec la politique dans la mesure où les techniques de *communication* sont aussi des outils de *communion* sociale. La première connexion est suffisamment manifestée pour l'instant à travers les talents d'ingénieur-pontonnier attribués à César ; moins attendue, la seconde connexion se déduit de plusieurs passages des *Essais* où la maîtrise des fleuves se trouve liée à la suprématie politique. Ainsi de la même façon que le Roi du Mexique tient son pouvoir de son aptitude à « faire courir aux rivieres

---

1 Héraclite est le théoricien de la philosophie de l'eau selon laquelle « jamais homme n'estoit deux fois entré en mesme riviere » (602 A). Voir Zoé Samaras, « Le lecteur bon nageur » et l'espace de l'écriture dans les « *Essais* », *Colloque de Montaigne : Espace Voyage Ecriture*, *op. cit.* pp. 225-233 et en général F. Joukovsky, *Le feu et le fleuve : Héraclite et la Renaissance française*, Genève, Droz, 1991.

leurs cours » (935 B), François Ier dispute à Charles-Quint l'empire germanique en se battant sur son propre terrain, là où il communique et communie avec son royaume, c'est-à-dire justement là où « les rivieres, les passages à sa devotion, luy conduiroient et vivres et deniers en toute seureté et sans besoin d'escorte » (285 A). Pouvoir de communication et de communion qui, Montaigne le rappellera dans l'essai « des Cannibales » (autres amateurs d'eau en l'occurrence), n'est que le pouvoir de construire des passages comme en témoigne, sous Henri IV, « la belle structure du Pont-neuf de nostre grand'ville » (902 C).

Une culture et une civilisation de l'eau

Mais ce passage, c'est le mouvement imprévisible de l'eau qui le crée, cette eau qui jaillit spontanément et abondamment, sans contrainte, des nombreuses fontaines de Suisse et d'Allemagne. Toute la première partie du Voyage en Italie témoigne de cette fascination pour ces bornes-fontaines qui, placées à tous les carrefours, délimitent naturellement un territoire politique et en assurent le quadrillage géographique :

> Ils ont *une infinie abondance de fontaines* en toute cette contrée ; il n'est village ny quarrefour où il n'y en ait de très-belles ; ils disent qu'il y en a *plus de trois cens à Basle*, de compte fait (16)[1].

---

1 En 1577, on dénombrait à Bâle vingt-deux fontaines publiques, mais, dans sa fameuse description de la ville rhénane, vers 1433, A. S. Piccolomini note que « chaque maison a son jardin, sa fontaine et sa cour ». « Sur les places », ajoute-t-il, « il y en a aussi qui ne sont pas à dédaigner. On y trouve de belles fontaines à l'eau claire et délectable,

> Il n'y a nulle ville où il n'y coule *plusieurs ruisseaux de fontaines*, qui sont eslevées richement par les quarrefours, ou en bois ou en pierre. *Cela fait paroistre leurs villes beaucoup plus belles que les Françoises* (20).

Au moment de franchir la frontière italienne, Montaigne songera encore non sans nostalgie au bonheur tout matériel et pratique que suscitaient sur le passage des voyageurs ces eaux courantes. Ainsi Innsbruck est

> une très-belle petite ville et très-bien bastie dans le fond de ce vallon, *pleine de fontaines et de ruisseaux*, qui est une commodité fort ordinaire aux villes que nous avons veues *en Allemaigne et Souisse* (50).

Ultime ville située sur l'axe des grands fleuves, Vérone témoignera une dernière fois, sur les marches de l'Italie Antique, en faveur de cette civilisation de l'eau appelée bientôt à disparaître dans la suite du Voyage :

> Ville de la grandeur de Poitiers, et ayant ainsi une closture vaste sur la dite riviere d'Adisse qui la traverse, et sur laquelle elle a trois ponts (63)[1].

---

et il y en a beaucoup dans toutes les rues. Même Viterbe, en Ombrie, n'est pas si bien alimentée en eau et qui voudrait compter les fontaines de Bâle devrait compter toutes les maisons ». Montaigne pouvait ainsi admirer lors de son passage à Bâle les fontaines du Marché-aux-Poissons, du Singe, de Samson et Dalida, de Saint-Jacques, du Banneret, du Joueur de Cornemuse…

1 Dans ses *Histoires prodigieuses* (3e nouvelle, « Roméo et Juliette »), éd. Champion, 1977, p. 63, Boaistuau attribue à Vérone les mêmes caractéristiques topographiques : « Il y a peu de citez en Italie qui puissent surmonter Veronne, tant à cause du fleuve navigable nommé Adisse, qui passe quasi par le milieu de la ville et au moyen duquel se faict une grosse traficque en Alemaigne (…) avec un grand nombre de tresclaires et vives fontaines qui servent pour l'aise et commodité du lieu, sans deduire (…) quatre ponts et une infinitez

Mais, outre le réseau monumental des fontaines, c'est un fait culinaire majeur qui dessine un espace géographique réservé par exception, à l'intérieur du *Journal de Voyage en Italie*, à la Suisse et à l'Allemagne : de Plombières à Vérone, les tables se trouvent être abondamment garnies de *poissons* et d'*écrevisse*. Bâle représente à cet égard un haut lieu de cette gastronomie liée aux rivières et aux fleuves :

> Ils sont toutefois excellens cuisiniers, notamment de poisson (...) Entre autres choses, ils font grand honneur aus escrevisses et s'en servent un plat tousjours couvert par privilège, et se les entrepresentent ; ce qu'ils ne font guiere d'autre viande (17-18).

La même satisfaction gourmande attend à nouveau les voyageurs à Augsbourg (« Icy les escevisses furent servies les premières, qui partout ailleurs se servoient avant l'issue, et d'une grandeur estrange ») (39), mais Montaigne élargit encore davantage la signification culturelle de ce phénomène culinaire en saluant l'invention des viviers comme une véritable prouesse technique que l'inventaire des lieux associe du reste à d'autres réalisations comme l'« horloge à eau » :

> En l'une (des maisons des Fugger) nous vismes *un horologe qui se remue au mouvement de l'eau qui lui sert de contrepoids*. Là mesme *deux grands gardoirs de poissons*, couverts, de vingt pas en quarré, pleins de poisson. Par tous les quatre costées de chaque gardoir, il y a plusieurs petits tuyaux, les uns droits, les autres courbés contremont ; *par*

d'autres vénérables antiquitez ». Notons que l'entrée en Italie se fait par Vérone, comme l'indique l'obligation faite à Montaigne de présenter des bulletins de santé (63).

> *tous ces tuyaux, l'eau se verse très plaisamment dans ces gardoirs*, les uns envoyant l'eau de droit fil, les autres s'eslançant contremont à la hauteur d'une pique (43)[1].

Parfois la consommation du poisson devient, comme l'on pouvait s'y attendre, un véritable enjeu symbolique. Si le maréyage qui se pratique à Lindau (« Ils ont grande abondance de poisson, qu'ils meslent au service de chair ») (31) se contente de programmer un usage culinaire qui flatte personnellement le goût de l'essayiste (« Ainsi fait mon goust de mesler le poisson à la chair ») (1103 B), en revanche la consommation du poisson telle qu'elle est réglée à Bade intéresse au plus haut point la liberté religieuse et l'indépendance politique des cités :

> Le mercredi, son hoste acheta force poissons ; ledit Seigneur (Montaigne) s'enqueroit pourquoi c'estoit. Il luy fut respondu que *la plupart dudit lieu de Bade mangeoient le poisson le mercredi par religion* (23)[2].

Cet usage préférentiel qui souligne non sans humour la relativité des pratiques religieuses (« Je suis friand de poisson et fais mes jours gras des maigres », se souviendront les *Essais*) (1103 B), Montaigne s'empresse d'ailleurs de le commenter immédiatement en rapportant une longue conversation qu'il a avec un informateur indigène au sujet du régionalisme politique et culturel des petites villes suisses.

1 Ces viviers sont accompagnés de jeux d'eau ou de facéties aquatiques dont nous parlons plus bas.

2 Voir aussi : « Partout où nous avons esté, ils ont coutusme de servir du poisson parmy la chair ; mais non pourtant au contraire, aux jours de poisson, mesler de la chair, au moins à nous » (51).

Enfin, cet engouement pour le poisson qui passe aux yeux de l'essayiste pour un signe général de « noblesse » :

> En esté ils faisoyent souvent, en leurs salles basses, couler de l'eau fresche et claire dans des canaus, au dessous d'eux, où il y avoit force poisson en vie, que les assistans choisissoyent et prenoient en la main pour le faire aprester chacun à sa poste. *Le poisson a tousjours eu ce privilege, comme il a encores, que les grans se meslent de le savoir aprester* : aussi en est le goust beaucoup plus exquis que la chair, au moins pour moy (299 A).

semble prouver la générosité native des Suisses et des Allemands laquelle n'a d'équivalent que la bonté naturelle des Cannibales qui, eux aussi, « ont grande abondance de poissons et de chairs » (207 A)[1].

C'est que l'eau se trouve surtout associée, dans l'esprit de Montaigne, à une rêverie technologique. Il faut dire que ce que Montaigne admire en effet en Suisse et en Allemagne, ce sont moins les œuvres d'art comme l'Italie pouvait en fournir de multiples modèles, que les inventions humaines visant au bien-être physique et corporel. On est surpris à cet égard de voir à quel point le voyageur s'intéresse assez peu dans l'ensemble de son *Journal* aux productions artistiques : ce sont plutôt les qualités de vie et les manières de vivre qui attirent son attention (excellence de la nourriture, confort des lits, aménagement des maisons, ingéniosité des machines de toutes sortes facilitant l'existence quotidienne). Ce qui par

1 Notons que le poisson est l'emblème de la « Poissonnière » des Ronsard, de même que la Salamandre (autre symbole animal lié à l'eau et d'ailleurs associé, dans le manoir de Ronsard, au Poisson), est l'emblème de François Ier.

exemple frappe tout de suite notre touriste à Bâle, c'est que les vins s'y révèlent bénéfiques pour la santé, que la nourriture se veut dans cette ville aussi abondante que succulente (Montaigne regrettera de n'avoir pas emmené avec lui un cuisinier pour noter les recettes culinaires), que de simples broches à rôtir les viandes prennent la forme de merveilleuses machines perfectionnées. En somme, notre voyageur-gastronome se comporte un peu comme le Frère Jan de Rabelais qui déclarait préférer de loin les arcanes des rôtisseries de France aux mystères du dôme de Florence (*Quart Livre*, ch. 11) : le plaisir sensuel et gustatif se double ici d'un goût d'esthète et d'intellectuel que fascine la mécanique compliquée des rouages, spectacle qui se donne comme une version miniaturisée de l'univers physique.

> Comme ils sont excellens ouvriers de fer, quasi toutes leurs broches se tournent par ressors ou par moyens des poids, comme les horologes, ou bien par certaines voiles de bois de sapin larges et legieres qu'ils logent dans le tuyau de leurs cheminées qui roulent d'une grande vitesse au vent de la fumée et de la vapeur du feu (18)[1].

Parmi les autres commodités qui améliorent et facilitent la vie des Suisses et des Allemands, Montaigne n'oublie pas de mentionner aussi l'usage des vitres – invention à peine connue en France – destinées à protéger les chambres contre les intempéries (« il n'est si petite maison de village qui ne

---

1 A Brixe, Montaigne se souvient encore de ces broches : « Il y avoit là une façon de tourner la broche qui estoit un engin à plusieurs roues (...) Quant au vent de la fumée, nous en avions veu plusieurs (à Bâle) » (56).

soit vitrée ») (16)[1]. Ou encore l'omniprésence des poêles dont l'efficacité et l'agrément l'emportent de beaucoup sur les inconvénients des cheminées qui enfument les manoirs et les châteaux de France.

> Ils sont somptueux en poesles, c'est à dire en salles communes à faire le repas (...) Elles sont fort percées et richement vitrées (17).

C'est significativement à Bade – siège de la diète des Cantons comme nous le verrons – que le diariste relèvera avec insistance que « les maistresses chambres ont toutes des poesles » (25), particularité qui fait le bonheur de Montaigne :

> Nous nous applisquasmes incontinent à la chaleur de leurs poesles, et est nul des nostres qui s'en offensast. Car depuis qu'on a avalé une certaine odeur d'air qui vous frappe en entrant, le demeurant c'est une chaleur douce et esgale. M. de Montaigne, qui couchoit dans un poesle, s'en louait fort et de sentir toute la nuit une tiedeur d'air plaisante et moderée. Au moins, on ne s'y brusle ny le visage ny les bottes, et est on quitte des fumées de France. Aussi, là où nous prenons nos robes de chambre chaudes et fourrées entrant au logis, eux, au rebours, se mettent en pourpoint et se tiennent la teste descouverte au poesle, et s'habillent chaudement pour se mettre à l'air (24).

Il n'est pas indifférent que le Journal souligne l'importance des poêles précisément lors du séjour balnéaire de Bade : version modernisée de l'*hypocaustum* des Romains

---

1 Thomas More fait aussi bénéficier ses Utopiens de ce progrès technique : « Ils s'abritent contre le vent par des *fenêtres vitrées* - on fait dans l'île *un grand usage du verre* - parfois aussi par une toile fine qu'ils rendent transparente en l'enduisant d'huile ou de résine : ce qui offre cet avantage de laisser passer la lumière et d'arrêter le vent », *L'Utopie*, éd. GF Flammarion, 1987, p. 145.

décrit par l'architecte latin Vitruve, le poêle n'est-il pas par définition associé à l'eau, ou plutôt à la vapeur moite qui s'en dégage, à cette « chaleur douce et égale » ou « tiedeur d'air » dont parle à plusieurs reprises le diariste[1] ? L'essayiste ne pouvait être que séduit par cette atmosphère de légèreté et de lévitation qui convenait tout à fait au mouvement aérien et évaporé de sa propre méthode de méditation : chauffage central surélevé et comme suspendu (*suspensio*, tel est le terme technique proposé par Vitruve ou Grégoire de Tours), le poêle dont l'appellation dérive de *pensilis* (« chambre chauffée par en-dessous », « chambre suspendue », 1545) matérialise cette liberté ou « pente » de la « pensée » que fomente une chaleur intimiste et qui, comme chez le « Doctor acidiosus » de Dürer, vaporise les songes ou la douce rêverie[2]. Ancêtre de la machine à vapeur dont les

1 Cette liaison entre l'eau et le feu est bien marquée par un autre nom du poêle dans le français du XVIe siècle : la « salamandre ». Les bains de la galerie de Fontainebleau comme « le pavillon des poêles » (« der heizbare Flügel », traduit le *Französisches Etymologisches Wörterbuch* de von Wartburg) construit en 1545 par François Ier pour la « Reine Mère » révèlent bien le caractère mythique et imaginaire de ce mode de chauffage (nous en préciserons plus loin le sens politique en commentant l'emblème de la salamandre qui opère la rencontre de l'eau et du feu). Notons que le mot « poêle » sera encore employé plus tard par métonymie pour signifier « les veillées d'hiver » pendant lesquelles l'on raconte des contes près du feu ou dans le poêle.

2 Dürer, *Le Songe du Docteur*, reproduit *in* Klibansky, Panofsky, Saxl, *Saturne et la Mélancolie*, Gallimard, 1989, Ill. 102. A la suite Erasme qui déclarait ne pas supporter le « fumum hypocaustum » (le poêle enfumé), Ronsard attribue à la chaleur du poêle les rêveries de Luther : « Un poussif Alemant, *dans un poesle enfermé* » (Laumonier, t. 10, 365). Descartes attribue néanmoins aux effets de cette invention

premières esquisses à la Renaissance l'apparentent aussi à l'Athanor mythique des Alchimistes[1], cette installation thermique ou thermale qui, aux yeux de Montaigne, constitue un des plus grands charmes reconnus aux logements Suisses, réalise en quelque sorte une représentation « de vivo » du laboratoire intérieur où s'effectue la chimie de la pensée essayiste.

« Un ambassadeur expres »

Car, il convient maintenant de le noter, ces progrès et ce confort techniques se trouvent le plus souvent couplés avec l'utilisation de la force hydraulique : héritiers par instinct des ingénieurs antiques et de leurs mécaniques hydrodynamiques[2], les Suisses sont passés maîtres dans l'art d'exploiter la force de l'eau qu'ils mettent au service des commodités pratiques de la vie quotidienne et des plaisirs du

---

la révélation de la méthode : « J'estois alors en Allemagne (...) *enfermé seul dans un poêle* » (*Discours de la Méthode*, 2e partie, début).

1 Pour des plans supposés de machine à vapeur chez Vinci, voir B. Gille, *Les ingénieurs de la Renaissance*, Hermann, 1964, p. 199 (il s'agit en réalité plutôt d'une machine à air chaud). Au XVIIe siècle, le modèle de l'eau sera concurrencé par celui de l'air, cf. Steven Shapin et Simon Schaffer, *Léviathan et la pompe à air : Hobbes et Boyle entre science et politique*, trad. fr. Paris, 1993.

2 Des sources antiques qui l'ont inspiré dans ses recherches sur l'eau, Vinci cite par exemple Pline l'Ancien (la fameuse fontaine de Hiéron dont le mécanisme fait chanter des oiseaux artificiels), un petit ouvrage d'Aristote qui se serait intitulé « la crue du Nil », un ouvrage d'Avicenne sur les liquides, l'ouvrage de Frontin sur les aqueducs, un traité de Galien sur le mouvement des liquides, une œuvre de Théophraste sur le flux et reflux, sur les tourbillons d'eau et sur l'eau en général (B. Gille, *op. cit.*, p. 201).

corps[1]. Voici tantôt à Schaffouse « des moulins d'eau à scier le bois (...) et à broyer du lin et à piler du mil » (26). Ou alors à Constance, l'eau « montée de cinquante pieds par le moyen de douze ou treize grandes roues » à une très grande hauteur développe une force motrice naturelle qui, sans aucun travail de la part de l'homme, actionne mécaniquement les moulins à blé de la ville.

> Ils dressent sur le bord du Rhin un grand bastiment couvert, de cinquante pas de long et quarante de large ou environ ; ils mettront là douze ou quinze grandes roues, par le moyen desquelles ils esleveront sans cesse grande quantité d'eau sur un planchier qui sera un estage au dessus, et autres roues de fer en pareil nombre (...) Cette eau qui estant montée à cette hauteur, qui est environ de cinquante pieds, se degorgera par un grand et large canal artificiel, se conduira dans leur ville pour y faire moudre plusieurs moulins (...) Tout au fond de l'eau, ils font un planchier fermé tout autour, pour rompre, disent-ils, le cours de l'eau, et afin que dans cet estuy elle s'endorme, afin qu'elle s'y puisse puiser plus aisement. Ils dressent aussi des engins par le moyen desquels on puisse hausser et baisser tout ce rouage, selon que l'eau vient à estre haute ou basse (28)[2].

(A toutes ces machines hydrauliques, le voyageur pourra encore se laisser aller à rêver à son retour en compulsant le

1 Sur l'importance de l'Hydraulique à la Renaissance, voir B. Gille, *op. cit.*, ch. 9 « Recherches et réalités ».

2 L'obsession et la rêverie technologique répondent là encore, comme avec le « poêle-suspension », à un désir de lévitation ou d'élévation. « Ainsi, nous vismes un engin de fer que nous avions veu aussi ailleurs, par lequel on sousleve les grosses pierres, sans s'y servir de la force des hommes pour charger les charrettes » (27) (il s'agit sans doute d'une autre invention : la pince-tenaille employés par les grutiers pour la construction des cathédrales).

traité de Ramelli, *Le diverse et artificiose machine*, Paris, 1588. Les inventions que s'ingénie à multiplier l'imagination de l'« ingegniero del Christianissimo Re di Francia e di Pollonia » relève en effet moins du principe de réalité que d'un désir infini de puissance et de domination heureuse qui spécule sur la bienveillance de la matière : « varii et industrii movimenti, degni di grandissima speculatione, per cavarne beneficio infinito in ogni sorte d'operatione », comme dit la Préface).

Ou bien voici encore plus tard Montaigne séduit à Augsbourg par le mécanisme d'une porte que l'eau amenée d'un canal permet d'ouvrir et de fermer automatiquement.

> Les gens de cheval payent deux batz·pour entrer, et les gens de pied un. La porte qui respond au dehors est une porte revestue de fer : à costé, il y une piece de fer qui tient à une chaisne, laquelle piece de fer on tire. Cette chaisne, par un fort long chemin et force detours, respond à la chambre de l'un de ces portiers, qui est fort haute, et bat une clochette. Le portier, de son lit, en chemise, par certain engin qu'il retire et avance, ouvre cette premiere porte à plus de cent bons pas de sa chambre. Celuy qui est entré se treuve dans un pont de quarante pas ou environ, tout couvert, qui est au dessus du fossé de la ville ; le long de ce pont est un canal de bois, le long duquel se meuvent les engins qui vont ouvrir cette premiere porte, laquelle tout soudain est refermée sur ceux qui sont entrés. Quand ce pont est passé, on se treuve dans une petite place où on parle à ce premier portier, et dit on son nom et son adresse. Cela ouï, cestuy cy, à tout une clochette, avertit son compaignon qui est logé un estage au dessous en ce portail, où il y a grand logis ; cestuy cy avec un ressort, qui est en une galerie joingnant sa chambre, ouvre en premier lieu une petite barriere de fer, et après, avec une grande roue, hausse le pont levis, sans que de tous ces mouvemens on en puisse rien

> apercevoir : car ils se conduisent par l'espois du mur et des portes, et soudain tout cela se referme avec un grand tintamarre. Après le pont, il s'ouvre une grande porte, fort espoisse, qui est de bois et renforcée de plusieurs grandes lames de fer. L'estrangier se treuve en une salle, et ne voit en tout son chemin nul à qui parler. Après qu'il est là enfermé, on vient à luy ouvrir une autre pareille porte ; il entre dans une seconde salle où il y de la lumiere : là il treuve un vaisseau d'airain qui pend en bas par une chaisne ; il met là l'argent qu'il doit pour son passage. Cet argent se monte à mont par le portier : s'il n'est content, il le laisse là tremper jusques au lendemain ; s'il en est satisfait, selon la coustume, il luy ouvre de mesme façon encore une grosse porte pareille aux autres, qui se clost soudain qu'il est passé, et le voilà dans la ville. C'est une des plus artificielles choses qui se puisse voir. La Reine d'Angleterre a envoyé un Ambassadeur exprès pour prier la Seigneurie de descouvrir l'usage de ces engins : ils disent qu'ils l'en refuserent (44-45).

La description de la merveilleuse porte d'Augsbourg (la porte de l'*Einlass* construite en 1514) peut se lire, au regard de l'isotopie hydraulique imaginée par l'essayiste, comme une métaphore active de la communication. Qu'il suffise au lecteur de reparcourir mentalement pour son propre compte les passages successifs aménagés avec surprise et bonheur à travers les différents « sas » disposés comme autant de portes placées en « abîme » et qui se « répondent » et « correspondent » : le dispositif évoquera vite pour lui moins la fonctionnalité apparente que le jeu gratuit voire le tour de passe-passe, la démonstration d'art, la magie ou la thaumaturgie d'une technique de music-hall à la fois curieuse et secrète (et si le gardien empoche au passage quelques bénéfices économiques, c'est davantage en tendant au bon plaisir du voyageur ébahi le chapeau du saltimbanque qu'en arguant d'un droit de péage officiel). L'impression qui se dégage est celle d'un parcours initiatique et romanesque que l'on s'attendrait à trouver dans les romans de chevalerie du moyen âge, ou dans le *Cinquième Livre* de Rabelais où une porte hydraulique de conception semblable introduit les compagnons à l'oracle de la Dive Bouteille. Lorsqu'il visitera à son tour la célèbre curiosité d'Augsbourg, Montesquieu ne manquera pas de souligner avec condescendance cet amour puéril du secret qui lui paraît proprement alémanique : « Ces choses sont bonnes pour les Allemands qui aiment les choses secrètes »[1]. Au demeurant, que la reine d'Angleterre daigne envoyer un ambassadeur « exprès » pour s'informer sur le secret de la porte, révèle bien que, dans l'esprit de Montaigne, le jeu subtil des rouages actionnés par la force hydraulique cache ici un enjeu diplomatique d'importance : les mécanismes mystérieux ne modéliseraient-ils pas le mode de fonctionnement des échanges, des communications et des interactions qui s'entremettent dans les rapports entre les Etats. Qu'on admire du moins la façon dont le procès mécanique du texte prend plaisir à mimer le mécanisme de la porte, le plaisir

1 Montesquieu, *Voyages en Europe, Allemagne*, « Tyrol, Bavière et Wurtemberg », *Œuvres complètes*, éd. du Seuil, L'Intégrale, Paris, 1964 pp. 310 et 321. Au contraire de Montaigne, Montesquieu cherche à rationaliser la merveille (d'où les schémas descriptifs et graphiques qui accompagnent son texte). Ce qui se donne encore comme essentiellement *ludique* et *organique* chez l'essayiste humaniste, devient platement *mécanique* chez le philosophe des Lumières : la magie de la technique a perdu dans l'intervalle son « aura ».

imaginaire du texte n'ayant en définitive d'autre pulsion initiale que l'aisance des manipulations effectuées par la force motrice de l'eau et saisies à travers les multiples relais et courroies de transmission. Dans la maison des célèbres banquiers Fugger, le voyageur tombera au même moment en admiration devant une « horloge qui se remue au mouvement de l'eau qui lui sert de contrepoids », autre image de ce que pourrait être un monde livré au jeu labile de ses mouvements naturels et originels.

En somme, le *tropisme* de l'eau instaure une civilisation du plaisir, du bien-être, de la jouissance du monde matériel : l'eau capricieuse engendre spontanément la joie de vivre ; allégée de toutes contraintes externes et n'obéissant désormais qu'à ses impulsions libres, l'*humeur* cherche à se faire *humour*. C'est pourquoi Montaigne se délecte à la vue des jeux d'eaux, des fontaines des parcs dont les mouvements imprévisibles surprennent et amusent tout à la fois. En particulier, il se montre intéressé par les « facéties aquatiques », ces plaisanteries coquines et d'un goût douteux qui consistent à arroser à l'improviste le visiteur. Ainsi toujours à Augsbourg, le voyageur distrait par les évolutions capricieuses des poissons qui peuplent les viviers des jardins princiers, est subitement déconcerté par des jets d'eau qui viennent, par le mystère de quelque mécanisme secret, « remplir » par en-dessous « les cotillons des dames et leurs cuisses de cette fraîcheur ».

> Entre ces deux gardoirs, il y place de dix pas de large planchée d'ais ; au travers de ces ais il y a force petites pointes d'airain qui ne se voyent pas. Cependant que les

> dames sont amusées à voir jouer ce poisson, on ne fait que lascher quelque ressort : soudain toutes ces pointes eslancent de l'eau menue et roide jusques à la teste d'un homme, et remplissent les cotillons des dames et leurs cuisses de cette fraischeur.
> En un autre endroit où il y a un tuyau de fontaine plaisante, pendant que vous la regardez, qui veut, vous ouvre le passage à des petits tuyaux imperceptibles qui vous jettent de cent lieux l'eau au visage à petits filets, et là il y a ce mot latin : *Quaesisti nugas, nugis gaudeto repertis* (43).

« Tu cherchais des divertissements ; en voici : réjouis-toi ». Rien ne saurait mieux définir l'épistémologie de la Renaissance que la mode de ces jeux d'eau. Dans cette authentique archéologie du savoir que déploient les facéties aquatiques, la spiritualité se révèle être encore indissociable de l'élément « spiritueux » ou « humoral » qui lui est co-naturel : imprégnée de la matière qui forme son surgissement, la *pensée* suit la *pente* sensible et la direction sensuelle des lymphes qui en dessinent les contours labiles et la mobilité fluide. Montaigne ne pouvait que reconnaître dans ces arrosages à surprises l'expression heureuse des méandres de sa propre démarche d'humor(al)iste essayiste. « La physique est toute ma métaphysique » : en l'espèce la formule souligne, on ne peut mieux, l'écart rédhibitoire qui sépare la théorie psychologique de la Renaissance encore tributaire des instigations de la physique et la théorie de la connaissance d'inspiration métaphysique propre au XVIIe siècle cartésien. Ainsi lorsque les quatre devisants du Songe de Psyché de La Fontaine visiteront la grotte de Thétis, c'est à un humour douteux et pour tout dire « germanique » qu'ils attribueront l'invention de ces « mille jets (d'eau qui) moüillent également l'imprudent et le Sage » :

> Les quatre amis ne voulurent point estre moüillez. Ils prièrent celuy qui leur faisoit voir la Grotte de réserver ce plaisir pour le Bourgeois ou pour l'Alleman ; et de les placer en quelque coin où ils fussent à couvert de l'eau[1].

Quand par la suite il traverse l'Italie, Montaigne se souvient encore que ces aspersions semblent bien être une mode venue du Nord : ce seront alors ces arrosages humoristiques d'origine suisse ou allemande qui, bien plus que les magnifiques statues de Michel-Ange ou les œuvres d'art de l'Antiquité, retiendront l'attention de notre voyageur. Ainsi lorsqu'à Florence, Montaigne parcourt les jardins des Médicis en compagnie galante :

> Comme ils contemplaient les statues de marbre, il jaillit de dessous leurs pieds et entre leurs jambes, par infinis petits trous, des traits d'eau si menus qu'ils étaient quasi invisibles, de quoi ils furent tout arrosés par le moyen de quelque ressort souterrain que le jardinier remuait à plus de deux cents pas de là, avec un tel art qu'il faisait hausser et baisser ces élancements d'eau comme il lui plaisait, les courbant et mouvant à la mesure qu'il vouloit.

Olivier POT

1 La Fontaine, *Les Amours de Psyché*, éd. M. Jeanneret et S. Schoettke, Paris, 1991, p. 67.

1. Dürer, Der kleine Postreiter, vers 1496
(gravure sur cuivre)
« furieux courrier » (p. 39)

2. « Pont dépliant » d'après Ramelli

Delle artificiose machine (p. 40)

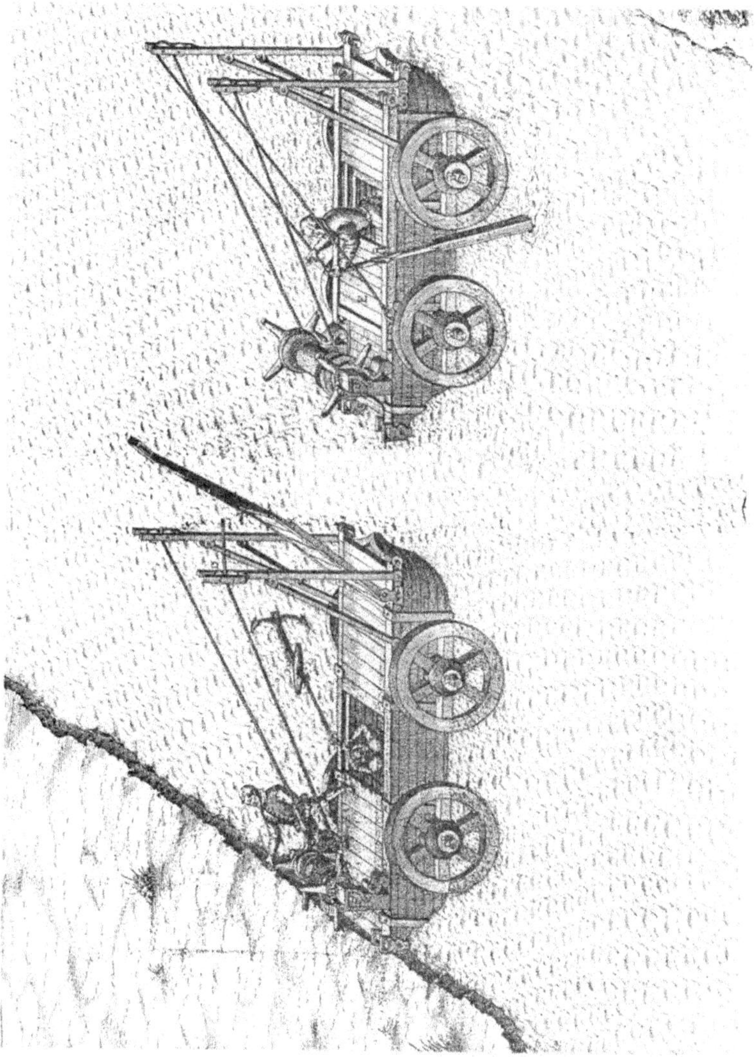

3. « Ponts mobiles » d'après Ramelli
Delle artificiose machine (p. 40)

4. « des escrevisses d'une grandeur estrange » (p. 45)

Brandt, *La Nef des fols*

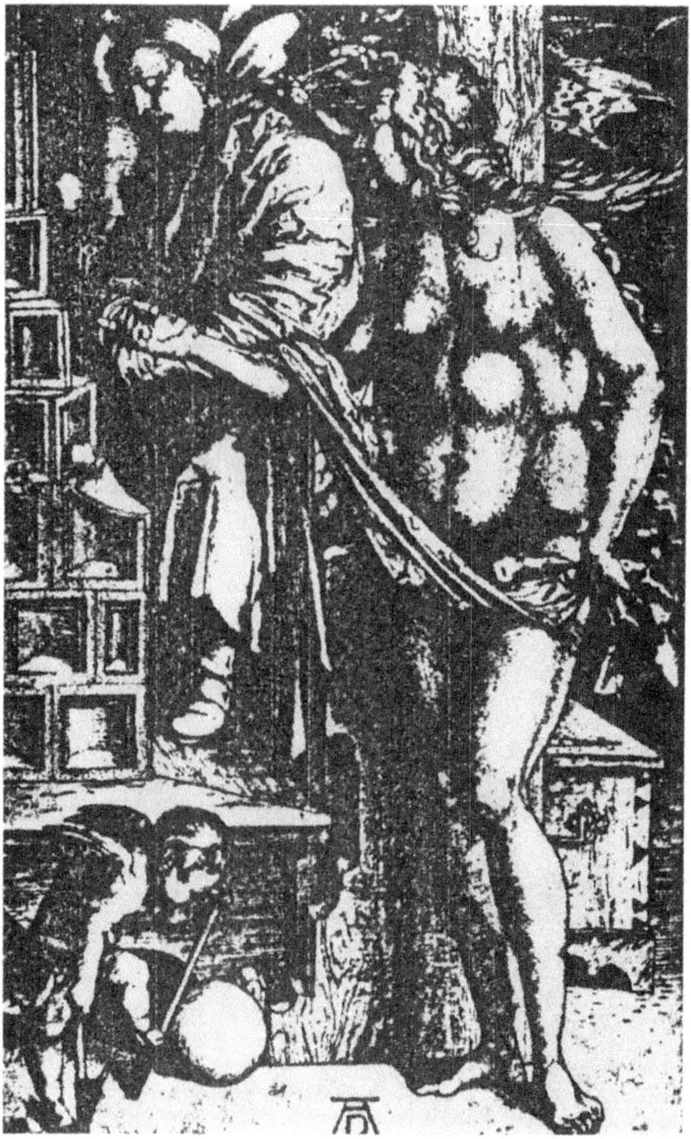

5. Dürer : « Doctor acidiosus » ou

Le songe du docteur (p. 50)

Maison de bain et de plaisir. xve siècle.

Maison de bain. xve siècle.

6. « Bains et athanors » (p. 51)

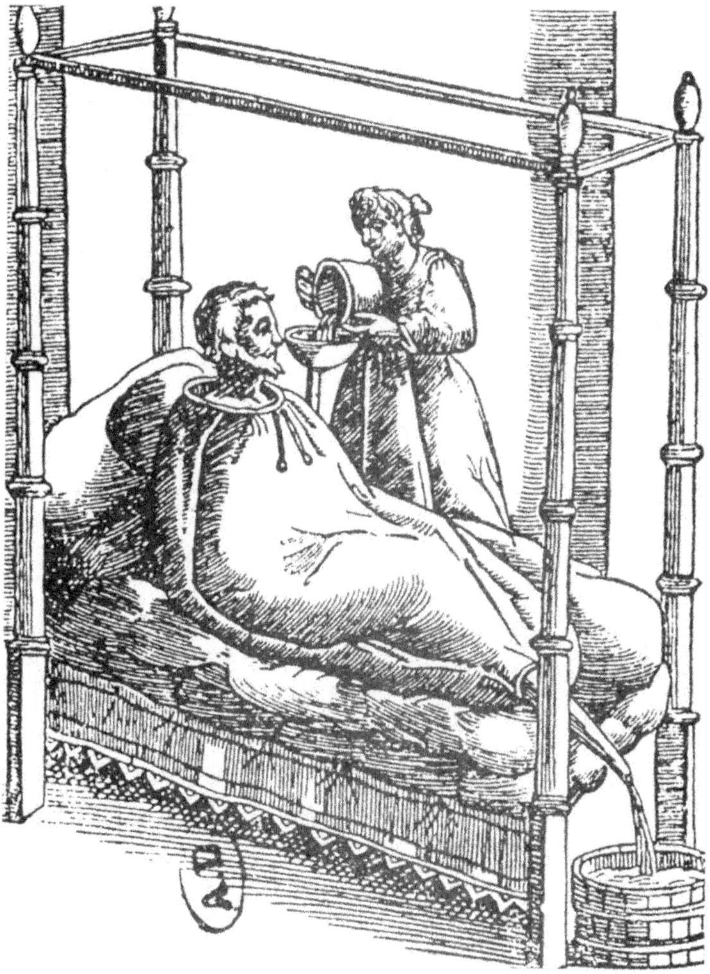

6.bis « Le bain alchimique » (p. 51)

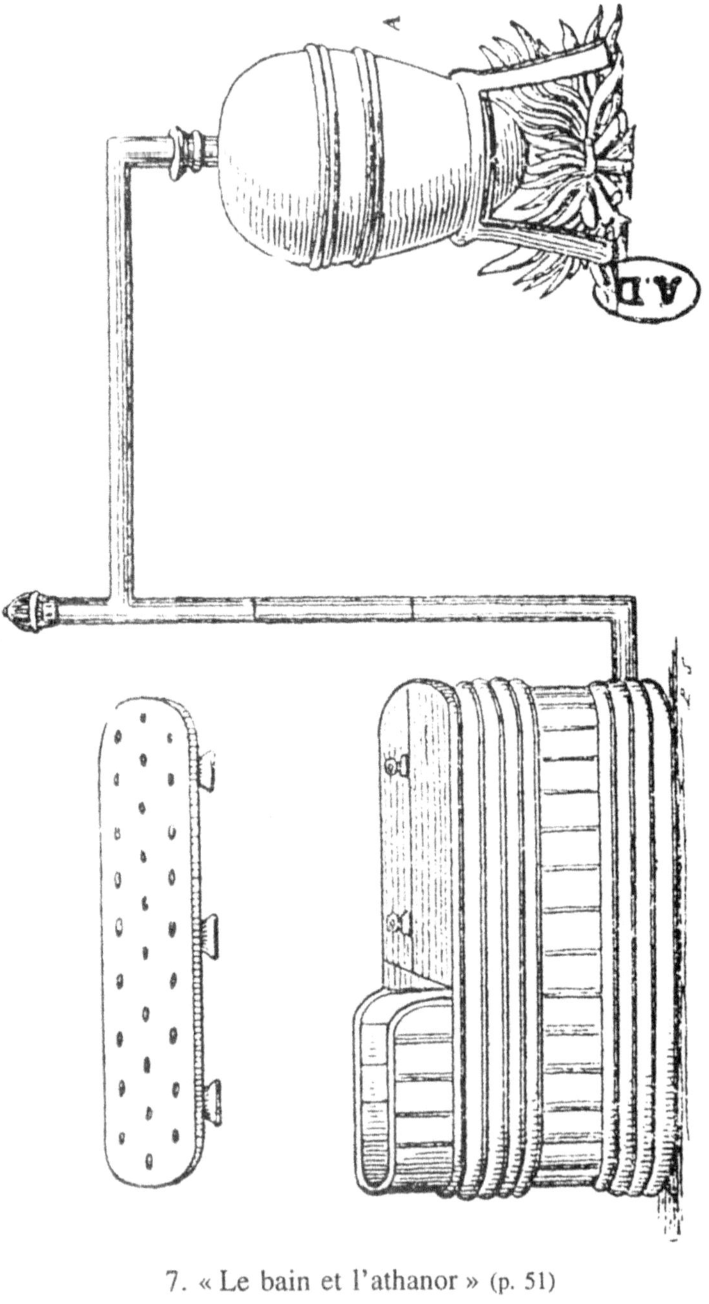

7. « Le bain et l'athanor » (p. 51)

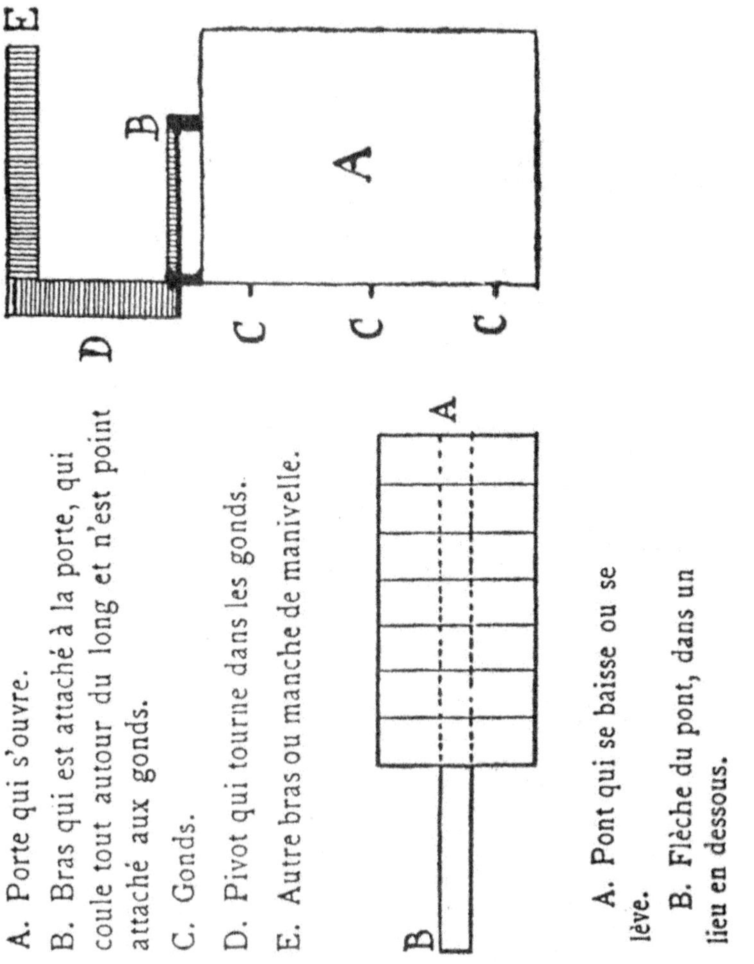

8. « La porte de l'*Einlass* (pp. 54-55) »
Montesquieu, *Voyage en Allemagne,* 1729

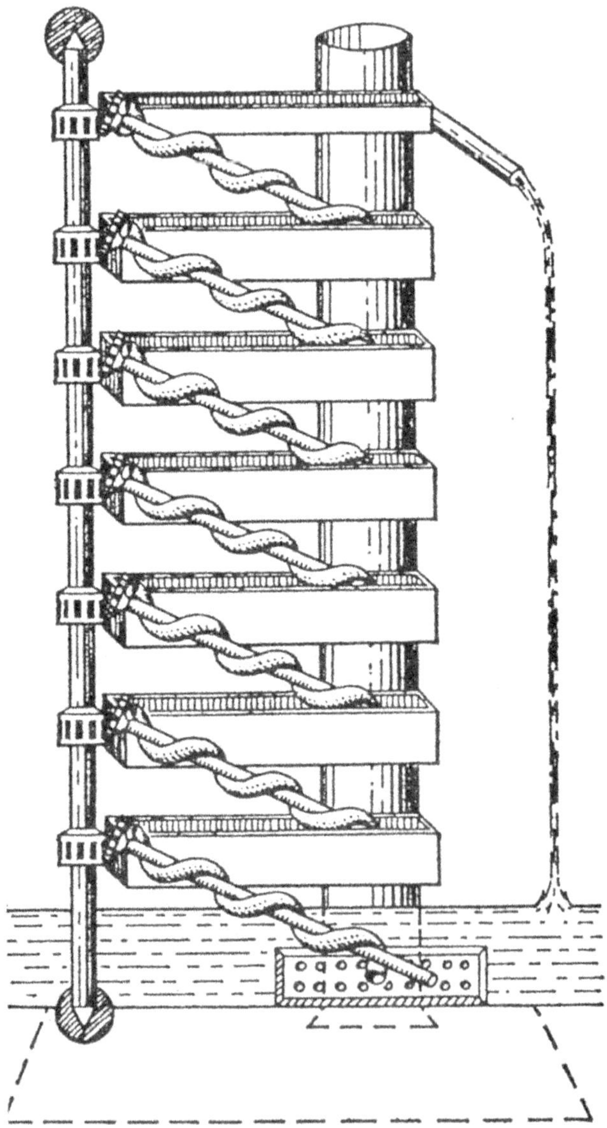

9. Vis d'Archimède pour monter l'eau à Augsbourg (avant 1550) (pp. 51-56)

D'après A. Wolf, *A history of science, technology and philosophy in the* XVI*th* *and* XVII*th* *centuries*, 1950

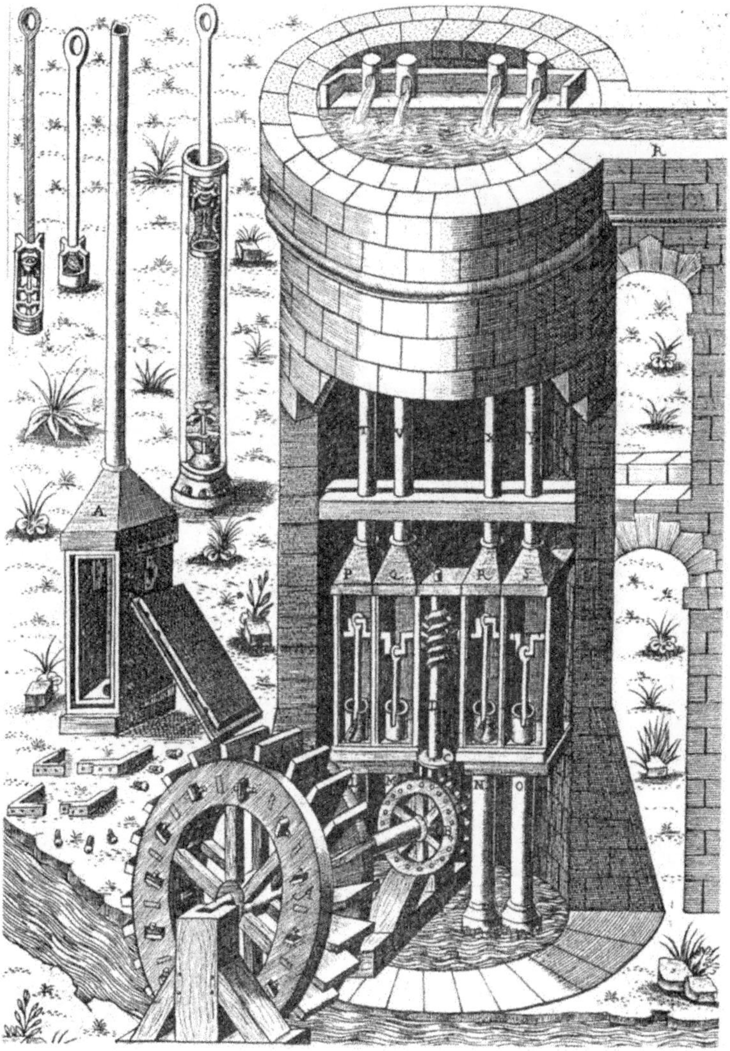

10. « Pompes à eau » (pp. 51-56)

Ramelli

11. « Elévateur d'eau » (pp. 51-56)

Ramelli

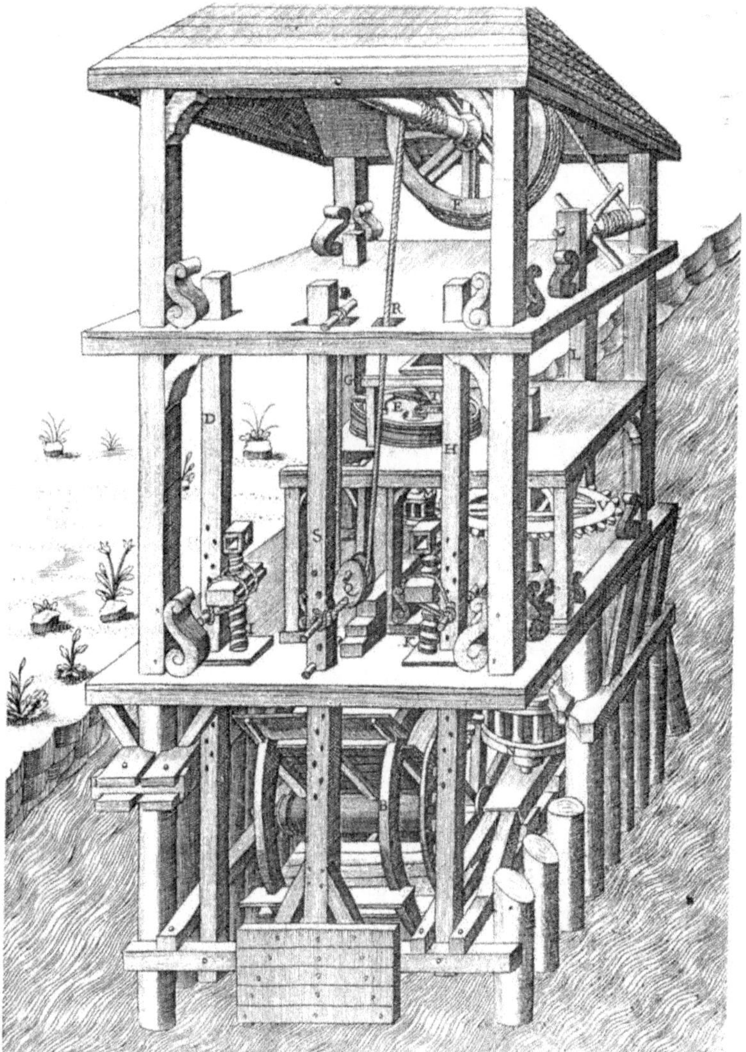

12. Machine hydraulique à usage non défini (pp. 51-56)
Ramelli

13. « Scierie à eau » (pp. 51-56)

Ramelli

14. « Scierie à eau » (pp. 51-56)

Ramelli

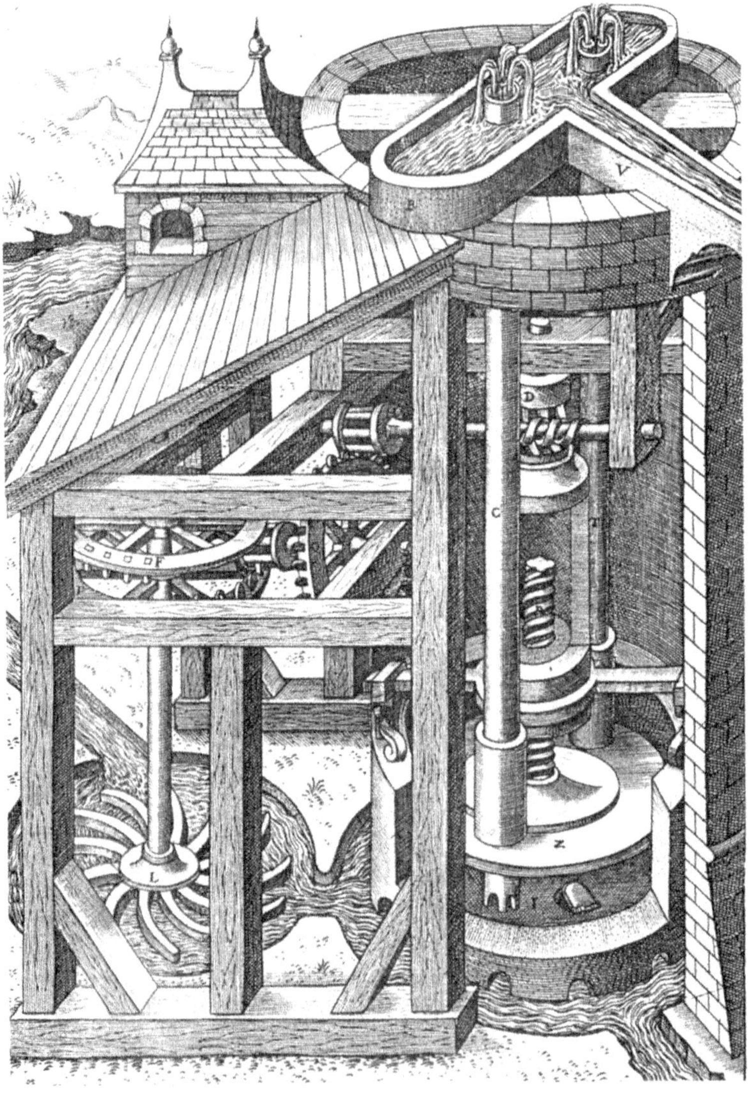

15. « Pompe à eau » (pp. 51-56)
Ramelli

16. « Pompes à eau » (pp. 51-56)

Ramelli

17. « Pompes à eau » (pp. 51-56)
Ramelli

18. « Facéties aquatiques » (p. 56)
Ramelli

LE DISCOURS DESCRIPTIF DANS LA PARTIE SUISSE DU *JOURNAL DE VOYAGE*

> « … ce sont tous les bruits qui passent, recueillis par l'oreille et commentés par la rêverie (…) c'est la peinture de tous les pays coupée à chaque instant par des échappées sur ce *doux pays de fantaisie* dont parle Montaigne (…) cette foule d'aventures qui arrivent, non pas au voyageur, mais à son esprit (…) c'est le journal d'une pensée plus encore que d'un voyage.»
>
> Victor Hugo, *Le Rhin* préface, Paris, Nelson, T. I p. 13.

> « Ils disent assez veritablement et utilement, s'ils disent ingénieusement »
>
> Montaigne, *Essais*, III, 6.

Dans les relations de voyage, le discours descriptif – on entend par là, le mouvement d'une écriture qui campe un portrait ou met en place un décor, en excluant ce qui rapporte le progrès d'une action – est tout ou presque. Par définition, le genre repose sur une intention descriptive : produire la représentation d'un espace dont la traversée, matérialisée par l'écriture, est à la fois l'objet du voyage et son substitut dans l'ordre de la fiction.

Si l'on excepte les mentions des incidents survenus en chemin et les anecdotes rapportées par le narrateur – pour autant que celles-ci n'illustrent pas le caractère d'un personnage ou d'un lieu – l'essentiel de la relation repose donc sur le discours descriptif qui accomplit, relativement à l'économie du discours, deux sortes de tâches. Les premières correspondent à ce qu'il faudrait nommer la fonction « structurale » ou « distributrice » : sous sa forme la plus elliptique, réduite à la mention des lieux et des déplacements, la description agence la matière, définissant ainsi les cadres de la relation. Si l'on considère, d'autre part, l'intention descriptive du texte, une deuxième fonction que l'on peut nommer « iconique » se déduit des représentations véhiculées ou produites par l'écriture : la description donne à voir un spectacle, transposition des *realia* qui fait ressortir la singularité de l'objet, mais aussi du regard qu'on porte sur lui.

C'est le jeu de ces fonctions que l'on se propose de faire ressortir, en étudiant le discours descriptif – considéré comme la transposition d'un donné sensible, essentiellement visuel, en une représentation littéraire – dans la section du *Journal de Voyage* de Montaigne consacrée à la Suisse[1]. Avant d'entreprendre notre enquête, il convient toutefois d'en justifier les choix méthodologiques en évoquant les particularités et difficultés du texte.

La complexité du phénomène descriptif suppose des relevés exhaustif. Mieux vaut se borner à l'étude d'un texte court ne présentant pas de difficultés d'interprétation majeures. Très elliptique si l'on compare ses notations aux

1 Pour des raisons qui tiennent à l'unité du passage, on débordera légèrement de ce cadre en considérant également les premières notations relatives à Constance, qui marquent la transition avec la partie allemande du *Journal*.

développements relatifs aux étapes italiennes, d'intérêt mineur si l'on considère que le principal objet de la relation est le terme du parcours, c'est-à-dire le séjour à Rome, la partie suisse du *Journal* semble se prêter tout particulièrement à une telle investigation. Il ne faut toutefois pas sous-estimer les chausse-trappes que recèlent les ellipses et l'apparente platitude ou neutralité du texte.

Premier obstacle à l'étude des descriptions du *Journal*, le caractère notoirement elliptique et souvent fallacieux de ses notations qui, pour les séjours de Bâle et de Baden ne permettent de reconstituer ni emploi du temps ni parcours précis. Pour se faire une idée des activités des voyageurs dans ces villes, il faut se rapporter aux *realia* et interpréter les quelques indices disponibles. De notre point de vue ces ellipses sont d'autant plus gênantes qu'elles n'autorisent presque jamais une représentation complète ou même cohérente de l'objet du discours : paradoxe d'une écriture qui dérobe toujours une partie de ce qu'elle prétend faire voir, ces dérobades cachent à l'occasion des distorsions délibérées.

Un autre obstacle est l'incertitude quant à l'identité du locuteur. Les erreurs manifestes qui émaillent les compte-rendus laissent penser que, dans une large mesure, les notations ne sont pas le fruit de l'observation. Souvent, le rédacteur, l'anonyme secrétaire de Montaigne, semble transcrire approximativement, des informations qu'il n'a ni vérifiées ni comprises[1] et décrire ce qu'il n'a pas vu. Il est alors difficile de rattacher les représentations à un donné initial et de mesurer l'écart entre l'image « réelle » et celle que produit le discours.

La destination du *Journal* est, elle aussi, source d'ambiguïtés : s'agit-il d'un « papier journal » dont Montaigne est l'inspirateur et le destinataire – les notations « imagées » et les descriptions s'y apparenteraient alors, aux compositions des « arts de mémoire » – ou d'un texte destiné à un plus large public ? Son histoire semble exclure la deuxième hypothèse et pourtant plusieurs passages destinent le *Journal* à un usage « public »[2], si bien que la fin du discours ou, pour mieux dire, son « horizon d'attente », reste elle aussi, incertaine.

Deux voies s'ouvrent alors à la critique. La première approche, d'ordre historique, consiste à rapporter le texte aux *realia*. On sait que, sur le plan documentaire, le texte est au moins douteux, tant il altère ou ignore la vérité historique, mais, s'agissant des descriptions, la mesure de l'écart entre la relation et son objet est évidemment précieuse et reste à

---

1 C'est l'une des conclusions du colloque de Mulhouse-Bâle (octobre 1980), notamment à propos de l'épisode mulhousien : les informations données par le *Journal* contredisent les documents historiques (voir *Autour du « journal de voyage » de Montaigne, 1580-1980* Actes des journées de Mulhouse et de Bâle recueillis par F. Moureau et R. Bernoulli, Genève-Paris, Slatkine, 1982.

2 Par exemple, à propos des bains de Baden : « qui aura à y conduire des dames qui se veuillent baigner avec respect et délicatesse, il les peut mener là… » *Journal de voyage* de Montaigne, éd. F. Rigolot, Paris, PUF, 1992, p. 21

entreprendre de manière systématique[1]. Une autre approche est possible, qui, sans exclure la comparaison avec les *realia*, ne la fait intervenir qu'en second lieu. Elle consiste à tenir le journal pour ce qu'il est, en dépit de la volonté de son rédacteur : une fiction. Et à s'interroger sur les procédés qui la produisent : en ce qui nous concerne, le portrait d'une Suisse qu'on tiendra, par principe, pour une construction mentale, un pays imaginaire.

Les lacunes et erreurs du journal, interprétées ainsi dans le cadre d'une « stratégie descriptive », résultent de la mise en place d'un espace fictif qui se substitue aux *realia*. Elles cessent d'être des défauts et deviennent des signes interprétables. Quant aux incertitudes sur l'identité du locuteur, elles font valoir l'apparition, dans le champ de la fiction, des silhouettes des voyageurs et plus particulièrement de Montaigne, décrit par ce témoin privilégié, qu'est l'anonyme secrétaire.

Il faut, pour valider cette approche, rapporter le discours à ses modèles, en premier lieu, aux topoï de la relation de voyage. Certes, le genre n'a pas acquis, vers 1580, le degré de spécialisation qui, au siècle suivant, permettra de distinguer des variantes relatives à des modèles littéraires

1 C'était le propros du colloque de Mulhouse-Bâle en 1980. Voir, sur la partie suisse du *Journal*, les communications de M. Hermann, A. Staehelin, M.-L. Portmann et R. Bernoulli. L'enquête reste toutefois lacunaire à propos du séjour à Baden. Un simple sondage révèle l'infidélité ou au moins, la partialité du compte-rendu : pour reprendre un terme de la citation précédemment invoquée, (voir la note précédente), selon les témoignages d'autres voyageurs, Baden est loin d'être réputée pour la « délicatesse » de ses mœurs.

spécifiques, mais on peut en définir les règles[1]. Celles-ci dérivent du modèle des guides et des cosmographies[2] : le discours s'agence dans un cadre topographique défini par la mention des étapes et des distances qui les séparent. Les descriptions s'emboitent dans cette trame spatio-temporelle et se rattachent ainsi, nominalement, à des « lieux-dits ». Leur propos s'inspire également de la norme cosmographique, par leur volonté d'exemplarité – dire le tout en décrivant la partie – et leur neutralité qui vise à produire une illusion de vérité en excluant le lyrisme : l'opinion du voyageur, lorsqu'elle est transcrite, se détache nettement du corps de la description. La comparaison fait ressortir la fonction distributrice du discours, son découpage déterminé par les données géographiques et temporelles du parcours, mais aussi l'intention que révèle cet agencement.

La fonction iconique du texte prend son sens lorsqu'on rapporte le discours à un modèle plus général. Aux impératifs qui déterminent le découpage, s'ajoutent en effet, les caractères inhérents à la matière et au choix des objets.

1 Comme les relations de Felix et de Thomas Platter, (le premier étant l'hôte de Montaigne à Bâle, auteur, ainsi que son frère, d'une relation de voyage à travers la France), le *Journal* de Montaigne se caractérise par la diversité de ses intérêts. La tendance à la spécialisation ne s'imposera qu'au milieu du XVIIe siècle. De même, l'influence des genres littéraires qui distinguera alors la relation épistolaire, picaresque etc... n'est pas encore effective.

2 Charles Estienne, *La guide des chemins de France* (Paris 1553), Sébastien Münster, *La Cosmographie universelle...* Bâle, 1568, Theodor Zwinger, *Methodus apodemica...*, Bâle, 1577. Voir, sur les cosmographies, les travaux de F. Lestringant, particulièrement, quant à la définition du point de vue, *L'atelier du cosmographe*, Paris, Albin Michel, 1992.

Depuis le Moyen Age, la notion d'étrangeté ou d'altérité s'associe par nature à celle de merveille. Ainsi s'expliquent, à l'occasion, les excès du descriptif qui détaille un spectacle pour dire la fascination qu'il exerce ou faire valoir l'ingéniosité qu'il recèle. L'éloge de l'*ingenium*, au sens d'esprit créateur, marque, au XVIe siècle, la convergence de trois discours : celui de la fiction mettant en scène le « merveilleux », dans son dernier état, celui de l'utopie, à la fois fictif et projectif, dans la mesure où il transpose le merveilleux dans la temporalité historique, celui enfin, de la science ou de la technique qui n'en conserve que la part conceptuelle. Au confluent de ces trois discours, la relation de voyage choisit ses objets relativement à cette norme, la différence qui qualifie la « merveille » servant de pierre de touche, et les analyse sur ce modèle. De ce fait, on peut rapprocher certaines descriptions du *Journal*, de celles que proposent la fiction (le banquet et les jardins du *Songe de Poliphile*[1]), les utopies ou projets (celui du « jardin délectable » de Bernard Palissy[2]), ou les ouvrages proprement techniques (les planches du *Théatre des machines* de Jacques Besson[3]).

---

1 Ou *Hypnerotomachia Poliphili* de Francesco Colonna, Venise 1499, traduit en 1546 par Jean Martin (*Discours du songe de Poliphile*, Paris, Kerver, 1546) et en 1600 par Verville (*Tableau des riches inventions...* Paris, Guillemot, 1600).

2 Bernard Palissy, *La recepte véritable...*, 1564, éd. crit ; K. Cameron, Genève, Droz 1988.

3 Jacques Besson, *Theastre des instrumens mathématiques et méchaniques*, « avec l'interprétation des figures par François Beroad », Lyon, Barthelemy Vincent, 1579. L'épître dédicatoire est datée « de Basle ce premier octobre 1578 ».

Quelques images serviront de fil conducteur à notre enquête : des paysages (la vision des « cataractes » de Schaffouse et du lac de Constance), ce qu'on pourrait appeler des « scènes de genre » (la peinture d'une jeune fille à cheval, l'évocation de la messe à Hornussen), des descriptions mettant en scène l'ingéniosité technique (celle du « cabinet vert » de Schaffouse et des machines : desserte, cheminées, engins hydrauliques).

On se posera systématiquement les mêmes questions à leur propos : d'abord celle du choix de l'objet et de la définition du point de vue, puis celles qui découlent de l'agencement du discours : quel est le « lieu » de l'image ? à quel moment du voyage et du discours appartient-elle ? Quel propos sert-elle ?

Les réponses supposent des détours qui reviennent à l'étude méthodique des fonctions distributrices, puis iconiques du discours descriptif : tout d'abord celle de la distribution des lieux du voyage, déterminée par la grille des repères topographique ; puis celle des temps de l'écriture qui dépend du découpage des étapes ; celle, enfin, des points de vue et des objets privilégiés par le texte. On examinera alors ce qui constitue la fonction iconique du discours : le mouvement du texte rendant compte d'un donné visuel, structurant sa représentation, depuis les cadres qui déterminent le point de vue jusqu'à l'esquisse d'une représentation unitaire (Baden et la « ville idéale ») en passant par les détails du tableau (l'analyse du « cabinet vert » de Schaffouse et des machines). Enfin, la comparaison avec les *realia* permet de valider quelques-uns des résultats de l'enquête : l'impératif de vérité, indissociable du genre, rend particulièrement signifiantes les ellipses et les distorsions du compte-rendu.

Le caractère méthodique de l'enquête impose la redondance : les mêmes passages seront analysés plusieurs fois sous des éclairages différents ; ce qui justifie quelques licences : on citera le texte, compris, dans l'édition de F. Rigolot[1] de la page 14 à 28 en n'indiquant sa pagination qu'à la première occurrence et, afin d'alléger la démonstration, on ne renverra qu'exceptionnellement et en note, aux travaux critiques consultés[2].

De la carte au territoire : l'espace du discours

Lorsque la troupe des voyageurs, quittant les hauteurs vosgiennes, découvre la plaine d'Alsace,

> « au matin trouvasmes une belle et grande plaine flanquée à main gauche de coteaux pleins de vignes, les plus belles et les mieux cultivées et en telle estendue que les Gascons qui estoient là, disoient n'en avoir jamais veu tant de suite. » (p. 14)

---

1 On citera le *Journal* d'après cette édition. On en adopte, en conséquence, les graphies archaïsantes. On s'est également reporté aux texte et aux notes de l'édition de F. Garavini (Paris, Gallimard, 1983).

2 On renvoie, de manière générale aux Actes du colloque de Mulhouse-Bâle (*op. cit.)*. Les perspectives de l'enquête doivent beaucoup aux remarques de F. Garavini (*op. cit.)*, qui considère, dans sa présentation, le rôle du secrétaire et l'écart entre le temps du voyage et celui de l'écriture, ainsi qu'aux questions posées par M. Bideaux dans « La description dans le *Journal de voyage* de Montaigne », *Etudes seiziémistes offertes à V-L. Saulnier...*, T. H. R, CLXXVII, Genève, Droz, 1980.

l'image annonce avec emphase le franchissement d'un seuil, l'entrée en terre étrangère. On sait où commence, pour le narrateur, le sentiment d'une altérité qui traduit la perte du pays et du langage de France, mais à quel point de l'itinéraire, cette expérience trouve-t-elle, provisoirement, sa fin ? Sans doute lors de l'arrivée à Constance, dix jours plus tard :

> « Nous reconnusmes que nous perdions le pays de Souisse, à ce que un peu avant que d'arriver à la ville, nous vismes plusieurs maisons de gentilshommes ; car il ne s'en voit guiere en Souisse... » (p. 28)

Le découpage qui détermine l'unité de notre texte et coïncide, *grosso modo*, avec les frontières géographiques religieuses et politiques de la région traversée, devrait mettre en évidence un phénomène proprement littéraire : l'expression du sentiment du voyage, le passage de la surprise initiale à une accoutumance dont l'emprise se révèlera lorsque de nouveaux signes (« les maisons de gentilshommes ») désigneront une « nouvelle » étrangeté.

Or les notations qui rythment le discours en le situant dans l'espace, laissent entrevoir, en dépit de leur apparente neutralité, cette évolution. Un système de repères particulier – le mouvement du voyage rapporté à l'écoulement des eaux – vient progressivement unifier la représentation. Il permet un changement d'échelle : la représentation en vient à figurer le territoire puis le paysage. Il s'en déduit une symbolique du discours qui valorise deux images : celles des chutes du Rhin à Schaffouse et celle de la terrasse donnant sur le lac de Constance. Pour en dégager la portée, il faut au préalable examiner l'ensemble des repères fournis par le texte, le découpage spatial et temporel de l'itinéraire.

Une première trame définit l'espace-temps du voyage par les indications des distances parcourues et des étapes (dîners et soupers). A ces mentions qui rythment l'écriture s'ajoutent des précisions chronologiques qui garantissent le rapport de l'écriture à la temporalité d'un parcours. La partie suisse du *Journal* rend compte d'un itinéraire allant de Thann (ou Mulhouse) à Constance, parcouru en 10 jours du 29 septembre au 8 octobre, comprenant un court séjour (une journée pleine à Bâle), une halte prolongée (quatre jours pleins) à Bade et cinq jours passés en chemin : Thann-Bâle, Bâle-Hornussen-Bade, Bade-Schaffouse-Constance. L'espace se constitue ainsi en un réseau comparable à ceux que dessine la *Guide des chemins de France* de Charles Estienne (1553), et dont les mailles sont tendues par les indications de distance.

Pour avoir une vue complète du parcours et de sa chronologie, il faut revenir en arrière, jusqu'à l'étape de Plombières-Remiremont, dernière mention d'une date :

> « Ledit jour 27ème de septembre, après disner, nous partismes (...) et vinmes coucher à Remiremont deux lieues » (p. 13).

Par la suite, seules subsistent les notations spatiales et il faut compter les jours, pour dater les étapes :

> Le lendemain au point du jour, nous partismes de là (...) et vinmes disner à Boissan, quatre lieues...) et vinsmes souper à Tane quatre lieues. » (p. 14)

l'arrivée à Bâle :

> « Melhouse, deux lieues... et nous rendismes coucher à Basle, trois lieues. » (*id.*)

le séjour dans cette ville :

> « Nous y fusmes tout le lendemain et le jour après y disnames » (p. 16)

le départ pour Hornussen, puis Bade :

> « Nous vinmes coucher à Hornes, quatre lieues (...) Lendemain qui estoit dimanche (...) nous rendismes à Bade, quatre lieues » (p. 20)

Ce n'est qu'à l'issue du séjour de Baden qu'interviennent à nouveau les mentions des dates qui marquent la reprise du voyage, vers une nouvelle destination, l'Allemagne, via Schaffouse et Constance :

> « le vendredi apres desjeuné, à sept heures du matin, septiesme jour d'octobre, nous partismes de Bade (...) Nous vinsmes souper d'une traite à Schaffouse, quatre lieues. (...)
> « Le samedi 8ème d'octobre, nous partismes au matin à huit heures, après déjeuné, de Schaffouse » (p. 25-26)
> « Constance, quatre lieues, où nous arrivasmes sur les quatre heures.» (p. 27).

Ces notations constituent un réseau qui, par la mention ou l'omission des dates, rythme le voyage et en esquisse la tension générale.

A ce premier réseau, se superpose celui qui organise la représentation du territoire en fonction de ses limites, signes de ruptures marquant le progrès du voyage : le passage de la Lorraine à l'Alsace :

> « Remiremont, (...) (d)es villes Lorraines (c'est la dernière) »

redoublé par la frontière linguistique :

> « Bossan, petit meschant village, le dernier du langage françois » (p. 14)

Les multiples frontières politiques qui découpent la carte du voyage comme les pièces d'un puzzle :

- / Thann : « Première ville d'Allemaigne, sujette à l'empereur »

- Mulhouse : « une belle petite ville de Souisse, du canton de Basle »

- / Hornussen : « Un petit village de la Duché d'Austriche » (p. 19)

- Brugg : « petite ville de MM. de Berne »(*id.*)

- / Kayserstuhl : « qui est des alliés des Souisses et catholique »(p. 26)

- Schaffouse : « Ville capitale de l'un des cantons des Souisses »

- Stein : « petite ville alliée des cantons de mesme religion que Schaffouse »(p. 27)

- Constance : « appartenant à l'archiduc d'Austriche ».

Ces ruptures modulent les perceptions du rédacteur (« nous reconnusmes que nous perdions le pays de Souisse ») qui les objective, à l'issue du parcours, par un changement de repère : le choix de la lieue d'Allemagne pour mesurer le lac de Constance,

> « qui a bien quatre lieues d'Allemaigne de large et cinq ou six de long.» (p. 28)

Par ailleurs, la perception d'entités culturelles plus vaguement définies – par des pratiques architecturales, l'usage des galeries ou la singularité des cheminées – se surimpose à cette grille :

> « Ils sont si accoustumés aux galeries, mesme vers la Lorraine (...) en toute cette contrée, depuis Espiné » (p. 16).
> « la pluspart des cheminées, depuis la Lorraine, ne sont pas à nostre mode » (p. 18)

Les réseaux ainsi constitués ne sont donc pas inertes. Leur construction fait valoir une progression dans l'écriture du *Journal*. La précision croissante dans la perception géographique du pays, liée à la durée du séjour, les changements de repères et la multiplication des spectacles, traduisent l'assimilation de l'altérité initiale.

La représentation du mouvement des voyageurs procède d'un système d'orientation subjective (l'opposition droite-gauche) qui définit l'axe du trajet en prenant sa visée sur les repères géographiques. Les montagnes vosgiennes, puis les coteaux de Haute-Alsace meublent d'abord l'étendue abstraite d'une carte :

> « nous partismes et passasmes un pays montaigneux qui retentissoit partout sous les pieds de nos chevaux « (p. 13)
> « trouvasmes une belle et grande plaine flanquée à main gauche de coteaux» (p. 14).

Mais, dès l'arrivée à Bâle, « Belle ville (...) de deux pièces, car le Rhin traverse par le milieu sous un grand et très-large pont de bois »(p. 15), le système hydrographique prend le relais et sert de repère pour figurer la progression vers Baden :

> « et prismes le chemin le long du Rhin, (...) et puis le laissasmes sur la main gauche » (p. 16)
> « Après dsner, nous passames la rivière d'Arat à Broug, /l'Aar, à Brugg / et delà vinsmes voir une abbaye» (p. 19)
> « De là nous passasmes à un bac (...) qui traverse la rivière de Reix / la Reuss/ qui vient du lac de Lucerne et nous rendismes à Bade » (p. 20).

Si la mention du Rhin, longtemps cotoyé, n'est pas surprenante, celle des rivières et du lac où la Reuss prend sa source, dénote un changement de repère : le rédacteur entreprend de figurer le territoire et non plus seulement d'indiquer son trajet. Par ailleurs l'itinéraire n'accorde aucune mention au col du Bözberg, entre Hornussen et Baden, alors que celui de Bussang, pourtant modeste, laissait contempler des « rochers inaccessibles » (p. 14). Le parti qui, sans obéir au moindre impératif de réalisme, « aplanit » un paysage montueux est manifeste. A l'exception de la hauteur où est bâtie la ville de Baden (mais cette mention permettra d'en esquiver la description) :

> « Nous ne logeasmes pas en la ville, mais audit bourg qui est tout au bas de la montaigne, le long de la rivière, ou un torrent plutost, nommé Limag /Limmat/qui vient du lac de Zuric » (p. 20)

La Suisse traversée par Montaigne n'est que fleuve, rivières et lacs. Ses reliefs ne subsistent que comme des accidents qui rompent l'écoulement des eaux :

> « Nous vinsmes passer le Rhin à la ville de Kayserstoul (...) et de là, suivismes ladite rivière (...) jusqu'à ce que nous rencontrasmes des saults où elle se rompt» (p. 26)

C'est que, tandis que les repères se multiplient, cet écoulement se confond avec le mouvement du voyage, :

> « Nous passasmes le long du Rhin que nous avions à nostre main droite jusqu'à Stein, (...) où nous repassasmes le Rhin sur un autre pont de bois ; et costoyant la rive, l'ayant à nostre main gauche, passasmes le long d'une autre petite ville » /Steckborn (?)/ (p. 27)

donnant à voir, simultanément, l'aboutissement du parcours et l'épanchement du fleuve dans un magnifique contresens puisque le Rhin s'écoule, bien sûr, en sens inverse, d'Est en Ouest :

> « Le Rhin s'espand là en une merveilleuse largeur (...) et puis se resserre jusques à Constance (...) Le Rhin n'a pas là ce nom car à la teste de la ville, il s'estend en forme de lac » (p. 27-28).

A son terme, l'essor du descriptif figure un espace concret, le paysage est devenu spectacle parce qu'il dit le mouvement du voyage. Ce qui met en valeur ces deux images : la vision du Rhin à Schaffouse et celle du quai de Constance.

Schaffouse et Constance : la symbolique de l'eau.

> « De là, suivismes ladite rivière par un très beau plat pays jusqu'à ce que nous rencontrasmes des saults où elle se rompt contre des rochers, qu'ils appellent les cataractes comme celles du Nil. C'est que, au dessous de Schaffouse, le Rhin rencontre un fond plein de gros rochers où il se rompt ; et au dessous, dans ces mesmes rochers, il

> rencontre une pente d'environ deux piques de haut, où il fait un grand sault escumant et bruyant estrangement. Cela arreste le cours des bateaux et interrompt la navigation de ladite rivière. » (p. 26)

L'image, c'est là sa singularité, ne dépend pas de l'emboitement qui insère les descriptions dans les rubriques déterminées par les « lieux-dits » des étapes. Elle s'intègre au système de repérage qui définit le parcours sur l'une ou l'autre rive du Rhin. Elle exprime, dans ce cadre, un changement d'échelle, puisqu'elle détaille un paysage et marque une pause dans le mouvement elliptique de la relation. Cette soudaine attention se justifie par l'intérêt du spectacle, signalé par une dénomination prestigieuse et la mention d'un référent valorisant (« qu'ils appellent les cataractes, comme celles du Nil »[1]). La description laisse apparaître une analogie entre le mouvement de l'écriture et celui de son objet : La confusion entre le mouvement des eaux et celui du voyage se marque dans l'emploi des verbes : « nous rencontrasmes » / « le Rhin rencontre », « il rencontre une pente ». L'analogie s'étend à la navigation : le cours de l'écriture s'est interrompu, de même que « s'arrête le cours des bateaux et /s'/ interrompt la navigation » A la rupture du

---

1 La comparaison est topique. On la trouve déjà dans la lettre du Pogge sur son séjour à Baden en 1415 : « les clameurs du fleuve, qui bondit avec fureur en cet endroit, se font entendre (...) à la même distance que les cataractes du Nil, à trois stades environ. « Trad. par A. Meray, Paris, Académie des bibliophiles, 1868, citée d'après H. Mercier, *Les amusements des bains de Bade* éd. L'Age d'Homme, 1989, p. 95.

cours du fleuve sur « un fond plein de gros rochers où il se rompt » correspond ainsi une pause descriptive.

Par ailleurs, la description se veut explicative et procède d'une démarche analytique. Il s'agit d'expliquer le phénomène par la mention de sa cause (l'obstacle des « gros rochers », la « pente d'environ deux piques de haut » /24 mètres/) qui précède celle de l'effet : « il fait un grand sault escumant et bruyant estrangement ». Ainsi s'explique, non seulement le phénomène mais aussi la comparaison initiale : c'est ce bruit qui rappelle les fameuses cataractes du Nil. L'analyse fait valoir, au delà du phénomène naturel, la confusion métaphorique entre l'écriture, le voyage et cet accident qui permet d'en dire le cours.

La confusion des trois termes (l'eau, le voyage, l'écriture) se prolonge avec l'évocation de l'Untersee, comparé à un fleuve qui se jette dans la mer (« le Rhin s'espand là en une merveilleuse largeur, comme est nostre Garonne devant Blaye). Elle aboutit à la focalisation de Constance, définie, dans le premier fragment qui lui est consacré, comme « point de vue », balcon sur le lac. L'aboutissement se lit dans la conjonction, peut-être symbolique, de deux regards : celui du guetteur enfermé dans son clocher

> « Nous montasmes au clocher qui est fort haut, et y trouvasmes un homme attaché pour sentinelle, qui n'en part jamais quelque occasion qu'il y ait et y est enfermé. » (p. 28)

et celui du voyageur parvenu sur la rive :

> « Ils ont une belle terrasse qui regarde ce grand lac en pointe où ils recueillent les marchandises » (*id.*)

Ouverte puis refermée, comme une sorte de bief dans la relation du voyage, l'image laisse rêver à d'autres départs ou tient lieu d'aboutissement à d'autres trajectoires, celles des navigations qui convergent en ce point :

> « à cinquante pas de ce lac, une belle maisonnette où ils tiennent continuellement une sentinelle ; et y ont attaché une chaisne par laquelle ils ferment le pas de l'entrée du pont[1], ayant rangé force pals qui enferment des deux costés cet espace de lac, dans lequel espace se logent les bateaux et se chargent » (*id.*).

Elle marque ainsi une fin. Rédigé au soir ou au lendemain de l'étape Schaffouse-Constance, le passage est destiné à clore le développement, laissant suspendu l'élan de la dérive lacustre interrompue par la description d'un « nouveau » pays et le projet d'un autre parcours[2]. La dynamique de l'écriture s'exprime donc jusque dans l'énoncé, qu'on pourrait croire neutre et objectif, des repères qui projettent la trajectoire du voyage dans son espace. L'énoncé se charge peu à peu d'une symbolique élémentale, fondée sur l'association « naturelle » du mouvement du discours et de l'écoulement du fleuve[3]. Cette transformation qualitative est un fait littéraire : elle évoque le projet de l'écriture des *Essais*

1 Ou « port » : rapportée à la topographie de Constance, la correction de Lautrey semble douteuse.

2 L'itinéraire sera modifié au dernier moment. Le rédacteur croit faire route ensuite vers Ravensburg en tournant le dos au lac. Montaigne choisira de longer le lac jusqu'à Lindau.

3 Rappelons que l'association se trouve dans les *Essais* : « il semble qu'il y ait des mouvements naturels en ces grands corps comme aux nostres... » (à propos du cours de la Dordogne) (I 31). La symbolique de l'eau s'exprime, dans le même passage du *journal*, par l'attention portée aux machines hydrauliques de Constance.

qui, selon la formule de C. Blum, « devient à elle-même son propre voyage »[1].

Mais la progression n'est pas déterminée seulement par l'évolution des perceptions du voyageur, mais aussi par le travail d'une écriture qui a ses rythmes propres. La répartition du descriptif n'est pas égale dans le temps et son découpage ne correspond pas aux étapes. Ce truisme n'est pas sans conséquence : pour mettre en évidence les tensions qui modulent la représentation et saisir le propos où le but du discours, il faut d'abord en établir le découpage et reconstituer la chronologie de l'écriture.

Le temps de l'écriture

Le temps de l'écriture se dissocie naturellement de celui du voyage. Pour chaque description, se pose la même question : s'agit-il de notes prises le soir à l'étape ou plus tard, au cours de séjours prolongés ? [2] Signes de l'évidente discordance des deux temporalités, les anticipations du récit. Dès l'arrivée à Mulhouse, une précision nous apprend que le rédacteur en sait plus qu'au moment où il traversait la ville :

> « il la trouva/l'église convertie en temple/ comme en tout le pays en bonne forme » (p. 14)

On peut légitimement penser que cette notation prend place après la visite de plusieurs temples. D'autres (pseudo-) anticipations font valoir le même écart :

1 Actes du colloque de Mulhouse-Bâle 1980, *op. cit.* p.

2 Cf. F. Garavini, *Journal* éd. cit., note n° 54.

> « ces moulins à vent ne servent qu'aux grandes hostelleries où il y a grand feu, comme à Bade » (p. 18)

lit-on alors même que les voyageurs quittent Bâle. S'agit-il d'une correction de Montaigne[1] ? Peut-être, mais l'hypothèse est superflue si l'on considère que le passage s'écrit à Baden, deux jours plus tard.

A l'inverse certains spectacles sont mentionnés *a posteriori*, hors de leur lieu, parce que la répétition les remet en mémoire et impose, décidément, un compte rendu ou une mention. Parmi les oublis réparés lors de la description de Schaffouse, c'est-à-dire au moment où le rédacteur s'apprête à prendre congé de son sujet, les moulins hydrauliques (de Mulhouse ?), le ou les cabinet(s) vert(s) de Baden, un treuil (vu à Bâle ? Au bord du Rhin ?) :

> « il y a des moulins d'eau à scier bois, comme nous en avions veu plusieurs ailleurs, et à broyer du lin, à piler du mil. Il y a aussi un arbre de la façon duquel nous en avions veu d'autres, mesme à Bade, mais non pas de pareille grandeur. » (p. 26).
> « Nous vismes au partir /de Schaffouse/ un engin de fer que nous avions veu aussi ailleurs, par lequel on souslève les grosses pierres, sans s'y servir de la force des hommes pour charger les charrettes. » (p. 27).

Enfin, on peut distinguer, selon la chronologie de l'écriture, plusieurs moments, dans une même description. La vision de Bâle se module en trois séquences : La première mentionne l'entrée dans la ville : « Bâle, trois lieues/.../les vins y sont fort bons ». (p. 15)

---

1 Comme l'écrit F. Rigolot, *Journal*, éd. cit., p. 18, note n°26.

La seconde, rédigée le lendemain soir, voire le surlendemain, dresse le bilan du séjour :

> « Nous y vismes de singulier /.../ nous y vismes une très-belle librairie ». (p. 15-16)

Le dernier développement, qui ne se rapporte qu'implicitement au lieu, est postérieur au séjour. Il commence par la mention du départ (« Nous y fusmes tout le lendemain et le jour après y disnames et prismes le chemin ») (p. 16) et s'achève par la mention du « vendredi où on ne servit à personne de chair »(p. 19), qui correspond effectivement à la journée passée à Bâle. En ce qui concerne Baden, le découpage est tout aussi manifeste : on distingue la description de la ville et des logis (p. 20), les mentions qui se rapportent au séjour, ponctuées par le décompte des boissons et des selles de Montaigne (p. 21-24), enfin, après le départ, une nouvelle description, rédigée, au plus tôt, lors de l'étape de Schaffouse (p. 25).

Ce découpage temporel détermine l'ordre d'un discours qui ne reproduit pas mais représente la découverte des lieux. On peut alors ce demander à quoi tend l'agencement, autrement dit, quel est le propos du discours ? On sait que les livres qui eussent pu fournir un modèle ont manqué, et que le texte ne suit pas l'ordre de la *Cosmographie universelle* de Munster ou de l'ouvrage de Zwinger[1]. S'ensuit-il que l'auteur ne s'interesse qu'au singulier pour décrire « non pas

1 Voir F. Rigolot, éd. cit., introduction « un guide contre les guides », p. XIX sq.

ce qu'il aurait dû voir, mais ce qu'il a vu réellement »[1] ? Rien n'est moins sûr. L'ordre des notations révèle au contraire, lorsque le discours se développe, un mouvement vers une généralisation ou une abstraction qui tend à s'écarter du donné visuel.

On distingue en effet, trois sortes de notations : tout d'abord les spectacles saisis dans le mouvement du voyage et rapportés à l'esquisse du parcours : Thann-Mulhouse-Bâle (p. 14-15), Hornussen-Baden (p. 19-20), Baden-Kayserstuhl-Schaffouse (p. 25-26), Schaffouse-Constance (p. 27-28). Puis les inventaires rapportés à une ville, sans qu'un parcours ne les ordonne explicitement, à Bâle (p. 15-16), à Schaffouse (p. 26). Enfin, les inventaires rapportés à l'ensemble de la contrée et qui sont à la fois l'expression de la subjectivité du rédacteur (dans le choix d'objets significatifs) et d'une volonté de généralisation qui dissocie l'objet du contexte de sa découverte. Ces inventaires emblématiques qui, par métonymie, représentent le pays, permettent de déduire le caractère de ses habitants. La rubrique, tout à fait remarquable si l'on considère la brièveté du séjour, prend place à l'issue du séjour bâlois :

> « ils ont une infinie abondance de fontaines en toute cette contrée (...) les chevaux ont plus d'avoine (...) que ce qu'ils peuvent manger » (p. 16-19).

et pendant le séjour à Baden :

> « la ville(...) très-belle comme elles sont quasi toutes en cette contrée » (p. 20)

---

1 *Ibid.* p. XX.

> « les vestements ordinaires des femmes (...) c'est une très-bonne nation (...) quasi toutes leurs villes portent » (p. 22-23).
> « ils font gardes en leurs villes (...) » (p. 25)

Elle semble privilégiée dans la mesure où elle désigne la fin du discours descriptif. Porté à l'abstraction, celui-ci n'agence plus que les traits distinctifs relatifs aux coutumes du pays, dans une perspective que l'on peut qualifier d'ethnologique. L'évocation, au départ de Bâle, des fontaines et galeries, absentes de la description de la ville, est un exemple de cette tendance à la généralisation qui retrouve, en fin de compte le propos liminaire des cosmographes :

> « Ils ont une infinie abondance de fontaines en toute cette contrée, il n'est village ny quarrefour où il n'y en ait de très belles ; ils disent qu'il y en a plus de trois cens à Basle, de compte fait ».
> « ils sont si accoustumés aux galeries (...) qu'en toutes les maisons (...) en toute cette contrée depuis Espiné... »

Alors, si l'ordre du discours inverse le modèle cosmographique, ce n'est pas parce que le rédacteur du *Journal* « tourne le dos » à ce modèle mais, au contraire, parce que celui-ci constitue l'horizon du texte. Le cosmographe va du général au particulier, en prenant soin de situer dans un espace préalablement construit et défini, la description des singularités tenues pour notables. Faute de pouvoir saisir d'emblée l'esprit du lieu, le voyageur réserve sa description jusqu'à ce que le donné visuel se soit fondu en une représentation emblématique qui dira les qualités du pays.

Dans la mesure où la synthèse raisonnée du donné visuel semble constituer la fin du *Journal*, il se dessine un écart entre deux pôles de l'écriture ou deux états de l'image. Le premier correspond à la simple notation qui transcrit l'image frappante, digne de mémoire, par exemple, à Bâle, les mentions à des « anatomies » et de l'opération de la taille, à Baden, la vision des bains publics :

> « ils se font corneter et saigner si fort que j'ai veu les deux bains publiques parfois qui sembloient estre de pur sang. » (p. 21)

ou telle scène de rue :

> « les femmes y font les buées à descouvert et en lieu publique dressant près des eaux un petit foyer de bois où elles font chauffer leur eau. » (p. 25)

Le deuxième état correspond à un travail sur un donné visuel qui sert de support au discours et débouche sur ce que l'on pourrait nommer une « abstraction emblématique ».

La vision d'une jeune fille à cheval dans la suite du « seigneur suisse » quittant Baden, est un exemple de cette dérive de l'écriture qui, par ses pseudo-digressions, rappelle ou imite le style des *Essais*.

La jeune fille à cheval : une image emblématique

L'image évoque le départ du « seigneur suisse » qui s'est entretenu avec Montaigne. Au moment des adieux, le maigre équipage du « bonhomme », (« quatre chevaux ») et le fait que sa(?) fille, « grande et belle » chevauche seule, sans être accompagnée d'aucune suivante pour un voyage de « deux grandes journées », attire l'attention du rédacteur. Dans le tableau de cet équipage, la jeune fille semble compter moins que les accessoires :

> « une housse de drap et planchette à la françoise, une malle en croupe et un porte bonnet à l'arçon. » (p. 22)

Pourtant un simple détail va focaliser l'attention et inscrire l'image de la jeune fille dans la mémoire du texte : il s'agit du « porte bonnet » qui représente ce que l'on peut nommer, selon la terminologie barthésienne, le *punctum* de la représentation. Le rédacteur change-t-il de sujet pour évoquer, aussitôt après, le costume féminin ? (« les vestements ordinaires des femmes me semblent aussi propres que les notres »), non à l'évidence. La réflexion qui suit, s'inspire de ce premier coup d'œil et, on va le voir, ne s'en éloigne guère. Le discours procède d'un double déplacement qui fait varier le *punctum* (du porte bonnet prétexte, à la tête – coiffée ? – de la jeune fille) et lui donne une qualité emblématique : par métonymie, le bonnet représente la jeune fille, et celle-ci, toutes les femmes du pays. Ce mouvement estompe le contour de l'image mais ne l'efface pas puisque le *punctum* demeure :

> « mesme l'accoutrement de teste qui est un bonnet à la cocarde ayant un rebras par derrière et par devant sur le front, un petit avancement »

Le processus d'abstraction se développe par un excursus autour d'une image qui en contient ou en recouvre d'autres :

> « cela est enrichi tout autour de flocs de soye *ou* de bords de fourrure »

Cette variation autorise le pluriel et un nouveau déplacement, de la coiffure à la chevelure :

> « le poil naturel leur pend par derrière tout cordonné ».

La représentation n'ira pas au delà de cette érotisation bénigne : un éloge de la beauté saisie, symboliquement, dans cette chevelure contenue et resserrée par les cordons. A ce point de la réflexion, la voyageuse, pour autant qu'on la suppose présente à l'arrière-plan du discours, s'est éloignée, sa chevelure, flottant « par derrière ». Reste le fantasme du corps féminin, le suspens de l'image dans une ellipse qui pourrait signifier, en creux, le désir et le passage à l'acte : un geste annoncé sur le mode hypothétique et qui donne à la représentation sa valeur exemplaire :

> « si vous leur ostez ce bonnet par jeu, car il ne tient non plus que les nostres, elles ne s'en offensent pas, et voyez leur teste à nud ».

L'hypotypose, cette « nudité », force l'attention. Le jeu des variations se poursuit dans le sens d'un dévoilement fictif : le narrateur ôte le bonnet en distinguant celles qui portent bonnet, des « plus jeunes » qui « portent des guirlandes seulement sur la teste ». Une pantomime représente ensuite les relations entre les hommes et les femmes :

> « on les salue en baisant la main et offrant à toucher la leur ».

Selon que l'on connait ou non l'usage, l'image prend vie et perd son statut d'abstraction ou demeure un inerte :

> « autrement si en passant vous leur faites des bonnetades » /c'est, à présent, l'homme qui retire son couvre-chef / « et inclinations, la plupart se tiennent plantée sans aucun mouvement (...) aucunes baissent un peu la teste pour vous resaluer ».

Après quoi l'image revient à une indifférenciation qui signifie que son pouvoir d'évocation est épuisé : « elles n'ont pas grande différence de vestements pour distinguer leurs conditions ». On peut alors les décrire toutes par un portrait en silhouette :

> « ce sont communément belles femmes grandes et blanches » (p. 23)

qui ne se distingue de l'image initiale, « une fille grande et belle », que par un adjectif.

Ce traitement de l'image comparable à la prestation de l'escamoteur qui fait paraître des objets, puis les cache et les déplace, tout en nous laissant croire qu'ils sont toujours sous nos yeux, fait ressortir, dans l'ambivalence du concret et de l'abstrait, de l'amplification ou de la digression, du réel et de l'hypothétique, l'intention du discours : transformer le donné particulier et concret en une généralité décrivant la coutume, sans pour autant quitter le cadre de la vision « réaliste ». L'image est à la fois point de départ et aboutissement, la transformation s'opère en trompe l'œil : le développement enchassé donne l'illusion d'une profondeur lorsque l'analyse des signes tend à l'étude de mœurs.

La manière de la digression n'est pas sans analogie avec celle des *Essais* et l'on pourrait y entendre l'écho ou l'imitation de la pensée du maître qui intervient nommément dans la phrase suivante[1]. Mais on a quelques raisons d'attribuer la « rêverie du bonnet » au secrétaire. En effet, ce

1 « C'est une très bonne nation, mesme à ceux qui se conforment à eux. M. de Montaigne… » *Journal* éd. cit. (p. 23).

développement laisse des traces dans la mémoire du voyageur qui, à Lindau, mentionne le même détail pour décrire les Allemandes :

> « en tout ce païs les femmes couvrent leur teste de chapeaux ou bonnets de fourrure » (p. 30)

en finissant, avec le même sens de l'ellipse, par les « bottines rouges ou blanches qui ne leur siéent pas mal ». Même notation au Tyrol, agrémentée d'une anecdote qui laisse entendre que Montaigne n'a pas attaché autant d'importance à ces bonnets que son secrétaire :

> « Les femmes de cette contrée portent des bonnets de drap tout pareils à nos toques et leurs poils treessés et pendants comme ailleurs. M. de Montaigne, rencontrant une jeune et belle garce en une église, lui demanda si elle ne scavoit pas parler Latin, la prenant pour un escolier » (p. 54).

De tels passages, dans lesquels l'objet du discours se dédouble ostensiblement, lorsque le secrétaire décrit son maître, font ressortir une autre fonction « distributrice » du discours descriptif : celle qui agence le point de vue de la représentation en mettant en scène le spectateur même.

Le spectateur en scène : curiosité et différence

La répartition des tâches entre Montaigne et son secrétaire assigne à celui-ci le premier rôle. Certes, il serait périlleux d'attribuer à l'un ou à l'autre, sur la foi d'une intuition, la paternité de telle observation. Mais, si l'on ne peut saisir la genèse d'une pensée, on peut reconstituer le développement d'un discours. L'existence même du secrétaire voire les regrets de Montaigne, lorsque celui-ci se verra dans l'obligation de continuer seul un ouvrage bien avancé[1], implique qu'on lui attribue au moins le gros-œuvre : l'établissement d'une trame descriptive servant de fil conducteur. Le choix du ton lui revient aussi : la neutralité d'un discours qui tend à l'inventaire, lorsque les notations, purement descriptives, ne sont suivies d'aucun commentaire. A quoi bon, sinon, confier ce travail à autrui ? Quant aux passages où Montaigne entre en scène, soit, les comptes rendus des réceptions de Bâle et de Schaffouse, la description de la messe à Hornussen (etc.), gageons qu'*a fortiori* [2] ils transcrivent le regard du secrétaire.

Du coup, le *Journal* apparait comme un portrait : à travers le mouvement et le décousu d'une enquête perpétuelle, la représentation, riche d'enseignements par ses distorsions mêmes, de Montaigne en curieux.

A l'origine de tout voyage, pour autant qu'on entreprenne de le raconter, il y a un « désir de voir » qui se transposera dans une volonté de représenter, censée répondre à l'attente du lecteur. Ce désir, né de l'intention d'écrire et de décrire, s'exprime dans un paradoxe commun à toutes les relations de voyage. Confronté à l'altérité du lieu ou de l'objet, altérité qui justifie sa description, le curieux doit triompher des obstacles qui en dérobent le spectacle ou en

1 « Ayant donné congé à celuy de mes gens qui conduisoit cette belle besoigne, et la voyant si avancée, quelque incommodité que ce me soit, il faut que je la continue moy mesme ». *Journal,* éd. cit., p. 109.

2 Sans préjuger de l'intervention de Montaigne pour définir un programme, rectifier une notation ou réparer un oubli. Mais dans la distribution des rôles, on imagine mal un secrétaire chargé de « corriger » la copie du maître.

obscurcissent la compréhension. D'où ce topos que constituent les lamentations du voyeur frustré.

Le premier obstacle est celui qui définit le mieux l'altérité de l'objet. Il s'agit de la barrière linguistique qui, en l'occurrence, fait l'unité du passage (à partir de Bussang) et rend nécessaire la médiation d'un « truchement » ou traducteur. A Bâle, lors de la réception à l'auberge, c'est « l'hoste (...) /qui/ servit de truchement » avant de céder la place à un guide. Celui-ci, « messager juré de la ville » (de Bâle), se joint à la troupe, assiste à la messe à Hornussen (« le truchement et guide que nous avions à Basle (...) vint à la messe avec nous ») (p. 19) et accompagne les voyageurs, au moins jusqu'à Constance. Cette médiation est par elle-même un obstacle et Montaigne se plaindra, à Lindau, « qu'il n'avoit mené un valet allemand (...) car de vivre à la mercy d'un belistre de guide, il y sentoit une grande incommodité »(p. 32)[1].

L'indifférence des autochtones n'est pas moins irritante. Si elle contrarie le voyageur c'est qu'elle est le contraire de sa curiosité, le signe de sa propre étrangeté. Il n'est pas étonnant que le curieux se plaigne de dépendre, quant à l'assouvissement de sa passion, des gens du lieu :

> « C'est un malheur que, quelque diligence qu'on fasse, il n'est possible que des gens du pays, si on n'en rencontre de plus habiles que le vulgaire, qu'un estranger soit informé

1 Notons toutefois que le constat fait partie de la topique des relations de voyage : la critique du guide fait évidemment valoir la perspicacité du voyageur. Rappelons, s'il en est besoin, que le constat figurait déjà au chapitre des Cannibales : « j'avois un truchement qui me suyvoit fort mal... » (*Essais* I, 31)

> des choses notables de chaque lieu ; et ne scavent ce que vous leur demandez. » (p. 25)

Faute de se fier aux habitants, il reste les livres. D'un usage malaisé au demeurant puisque l'expérience seule, fonde, en la matière, le droit à l'écriture. Il faudrait donc lire par avance, puis oublier ce que l'on a lu, afin de décrire ce que l'on voit. A en croire le *Journal* la question ne se pose pas[1]. L'imprévoyance de l'apprenti voyageur laisse des regrets explicites rapporté à l'étape de Lindau, où Montaigne déplore de n'avoir pas « veu les livres qui le pouvaient avertir des choses rares et remerquables de chaque lieu ou n'avoit un Munster ou quelqu'autre dans ses coffres. » (p. 32)

Il reste enfin la ressource d'enquêter par soi-même. La curiosité ordonne à l'occasion les aléas du parcours. Il ne s'agit pas d'atteindre son but au plus vite, mais de ne rien manquer en chemin et il faut de fortes raisons pour se contraindre à abréger :

> « nous laissasmes Zuric (...) où M. de Montaigne estoit délibéré d'aller, n'en estant qu'à deux lieues ; mais on luy rapporta que la peste y estoit. » (p. 26).

Toutefois, parce qu'elles sont des topoï, ces notations ne doivent pas être prises pour argent comptant. L'exemple de la pierre trouvée à la sortie de Baden laisse voir que, dans les faits, la curiosité trouve vite ses limites.

1 On peut toutefois se demander quand et à quoi a servi l'exemplaire annoté de la *Cosmographie* de Münster conservé dans la « librairie » de Montaigne. Révèle-t-il une volonté d'amender après-coup le manuscrit du *Journal* ?

Ce fragment d'antique, « planté à un coin de maison pour paroistre sur le passage du grand chemin » semble devoir combler l'attente des voyageurs curieux, comme tout le monde à la fin du siècle, d'*antiquailles*. C'est à son propos que le rédacteur stigmatisait l'incurie des habitants de Baden qui n'ont pas pris la peine de lui en signaler l'existence :

> « Je le dis à propos de ce que nous avions esté là cinq jours avec toute la curiosité que nous pouvions et n'avions ouï parler de ce que nous trouvasmes à l'issue de la ville : une pierre (...) où il y a une inscription latine. » (p. 25-26).

Que fait donc Montaigne, ou, plus vraisemblablement, son secrétaire, lorqu'il la découvre au passage ? Va-t-il s'enquérir de son origine ou en noter le texte ? Non : l'objet ne mérite pas même une halte, encore moins une enquête, un coup d'œil suffit :

> « je n'eus moyen de /la/ transcrire ; mais c'est une simple dédicace aux Empereurs Trajan et Nerva. » (*id.*)

La chute déçoit un peu, si l'on a cru que la curiosité était le véritable sentiment du voyageur et non une convention du discours. De fait, que son expression soit ou non sincère, la curiosité renvoie d'abord à la fiction du voyage, dont elle distribue les rôles.

Montaigne, vu par son secrétaire, se conforme ainsi, à l'image valorisante, à quelques nuances près, du curieux. A Mulhouse, il visite le temple, à Konigsfelden, contemple les tombeaux des gentilhommes « deffaits (...) par les Souisses l'an 1386 »(p. 20), à Baden, il enquête sur les bains dont « il chercha tant qu'il peut la maistresse source » (p. 21). Tout cela pour bien peu de profit : du temple de Mulhouse, on ne saura presque rien, des tombeaux de Königsfelden, il ne sera pas autrement question, quant à la source de Baden, Montaigne « n'en peut rien apprendre ». C'est que, même si elle est vaine, l'enquête n'est jamais inutile ni insignifiante. Voyons d'abord l'utile.

Du point de vue de la distribution du discours, tout se passe comme si les étapes étaient autant de « lieux de mémoire » susceptibles de loger un nombre variable de représentations notables : les choses « singulières ». L'enquête figure leur collecte et en dresse le bilan, sous forme d'inventaire. Il s'établit ainsi une hiérarchie des lieux, relativement aux nombre d'images qu'ils contiennent. Bâle vient au premier rang :

> « Nous y vismes de singulier la maison d'un médecin (...) un livre de simples (...) des anatomies (...) force gens de savoir (...) nous y vismes tailler un petit enfant (...) nous y vismes une très-belle librairie ». (p. 15-16)

Schaffouse, au dernier : « A Schaffouse nous ne vismes rien de rare » (p. 26). Ce qui ne préjuge en rien du traitement littéraire de la matière. Parce qu'il se suffit à lui-même, où que la profusion même, nuit au développement, l'inventaire bâlois reste elliptique. A l'inverse, le « néant » de Schaffouse justifie un processus de remémoration (voir *supra* p. 11) ainsi que l'analyse détaillée d'un topiaire, qui, on le verra, recrée son objet de toutes pièces.

Voyons maintenant ce que signifie l'enquête. Rien d'autre, surtout quant elle est vaine, qu'une valorisation du spectateur. Montaigne s'intéresse aux antiques, à

Königsfelden, « le seigneur de Berne qui y commande leur fit tout montrer », c'est que nos voyageurs sont cultivés et gens de qualité : portrait flatteur, non sans réserves au demeurant : Montaigne n'est-il pas quelque peu excentrique, pour s'enquérir des sources des bains à Baden ? Ne s'intéresse-t-il pas trop à ceux « qui ne sont pas catholiques » ? Les silences du secrétaire sont aussi des jugements qui traduisent la discordance des points de vue.

Si Montaigne valorise une différence qui, comme le sait le lecteur des *Essais*, fait plus autre que la ressemblance ne fait un, le secrétaire l'élude quand elle lui semble dangereuse. Une distorsion majeure par rapport à la règle du genre, l'évocation des temples protestants, permet d'apprécier le phénomène. Mais il faut au préalable définir, dans leur contexte, les fonctions respectives de la ressemblance et de la différence.

Les temples : une différence inavouable

Selon une topique commune à toutes les relations, le compte rendu de l'altérité repose sur un système de comparaison qui implique des ressemblances, par exemple pour indiquer un ordre de grandeur : – Bâle : « belle ville de la grandeur de Blois ou environ »

- Constance : « ville de la grandeur de Châlons »

- « le Rhin s'espand là en une merveilleuse largeur comme est nostre Garonne devant Blaye »

Mais c'est la différence, avec la France et ses usages, qui justifie les développements. On a vu le cas avec l'évocation du costume féminin. L'ellipse s'autorisait d'une ressemblance : « les vêtements ordinaires des femmes me semblent aussi propres /appropriés/ que les nostres ». L'aspect fonctionnel l'emportant sur l'emblématique, il n'y avait, semble-t-il, rien à en dire ; tandis que le bonnet, parce qu'il diffère des coiffures de France et que lui seul permet de distinguer les « conditions » des femmes, méritait un développement.

Le critère de différence est donc souverain. Il distingue une altérité dont la peinture est le sujet même de la relation. Il détermine ses choix dans tous les domaines, qu'il s'agisse du service de table à l'auberge :

> « leur service de table est fort différent du nostre » (p. 17)

ou du cérémonial de la messe :

> « au lieu que nous joingnons les mains pour prier Dieu à l'Elévation, ils les escartent » (p. 19)

Il justifie aussi tel portrait de Montaigne au bain :

> « ceux du pays (...) ne sont dans l'eau que jusqu'aux reins ; luy s'y tenoit engagé jusques au col. » (p. 22)

Cette valorisation systématique de l'objet singulier qui nourrit tous les développements, doit alors attirer notre attention sur une catégorie de spectacles dont le compte rendu, contre cette règle, minimise les différences : il s'agit des notations relatives au culte réformé.

L'aspect réducteur de la démarche est évident dès l'arrivée à Mulhouse où « Montaigne visite l'église / le temple / »car ils n'y sont pas catholiques »(p. 14). Le résultat de l'enquête n'est donné à voir qu'à travers une absence, par rapport à la norme implicite des églises, qui marque, en creux, la différence entre les cultes :

> « il la trouva /l'église/ comme en tout le pays en bonne forme ; il n'y a quasi rien de changé, sauf les autels et images qui en sont à dire sans difformité » / qui toutes, manquent, sans exception/ (*id.*).

Comme pour combler cet écart, pourtant euphémisé et réduit à « quasi rien », les descriptions Bâloises, ne le reformulent pas, sinon en renvoyant discrètement au modèle mulhousien, dont on vient de mesurer les ellipses :

> « Leurs églises ont au dedans la forme que j'ai dite ailleurs. » (p. 16).

Cet « ailleurs » laisse rêveur. La phrase s'énonce le lendemain, ou, au plus tard, le surlendemain ; elle n'est distante de la mention de Mulhouse que d'une page. Tout se passe comme si cette différence était rejetée en marge d'un texte qui insiste au contraire sur les ressemblances. Les temples bâlois s'efforcent de ne pas avoir l'air de ce qu'ils sont. Ils ont conservé, à l'extérieur tout au moins, leurs sculptures, les ornements des tombeaux, les vitraux, bref, l'évocation se réduit à l'inventaire de ce qui n'a pas changé :

> « Le dehors est plein d'images et les tombeaux anciens entiers, (...)les orgues les cloches et les croix des clochers et toutes sortes d'images aux verrières y sont en leur entier et les bancs et sièges du chœur. » (*id.*)

Il reste à deviner ce qui manque : les ornements intérieurs, sculptures et tableaux ? Pour s'en faire une idée précise, il faudrait savoir de quelle église parle le texte. Tout concourt, même l'imprécision qui découle de l'usage du pluriel, à minimiser la différence. A l'inverse, le rédacteur semble triompher lorsqu'il peut faire état d'un cas particulier, l'église des Chartreux « conservée et entretenue curieusement » : « les ornemens mesmes y sont et les meubles ». La chose s'explique par l'accord que les réformés ont passé avec l'évêque chassé de Bâle :

> « ce qu'ils allèguent pour témoigner leur fidélité, estant obligés à cela par la foi qu'ils donnèrent / à l'évêque/lors de leur accord.» (*id.*).

N'est-ce pas une façon, à peine détournée, de minimiser le succès de la Réforme en rappelant la persistance de « la religion ancienne » ? [1]. Pour revenir au décor, la différence entre les églises et les temples se réduit finalement à une simple interversion dans la disposition intérieure :

> « ils mettent les fonts baptismaux à l'ancien lieu du grand autel et font bastir à la teste de la nef un autre autel pour leur cène : celui de Basle est d'un très beau plan. » (*id.*)

Bien sûr, ce détail dit tout. Mais, il faut en convenir, le plus sobrement possible. Et si l'euphémisation ne suffit pas, il reste la diversion : d'où l'intérêt, inattendu, pour le plan de l'autel ou, mieux, le luxe de détails avec lequel la messe catholique d'Hornussen est décrite. Gageons qu'en tout autre lieu, l'épisode n'aurait pas mérité une telle attention. Le secrétaire évoque la disposition des assistants :

---

1 « L'évesque du lieu qui leur est fort ennemy, est logé hors de la ville en son diocèse, et maintient la plupart du reste en la campaigne en la religion ancienne » *Journal* éd. cit. p. 16.

> « /j'/ y remarquay cela que les femmes tiennent tout le costé gauche de l'église et les hommes, le droit, sans se mesler. » (p. 19)

puis celle des voyageurs :

> « Ils presenterent à MM. d'Estissac et de Montaigne le troisiesme banc des hommes ».

en cherchant à en donner l'interprétation la plus favorable, en l'occurrence, la moins vraisemblable :

> « il nous sembloit qu'aus premiers rangs ce n'estoient pas les plus honorables ».

Le sens de la différence, oublié lorsqu'il s'agissait des temples, reprend ici ses droits : les prie-dieu (?) sont décrit par le menu :

> « Elles ont plusieurs ordres de bancs de travers (...) de la hauteur pour se seoir. Là elles se mettent à genouils et non à terre et sont par conséquent comme droites ; les hommes ont outre cela devant eux des pièces de bois de travers pour s'appuyer. »

ainsi que la gestuelle de la cérémonie :

> « au lieu que nous joingnons les mains pour prier Dieu à l'Elévation, ils les escartent l'une de l'autre toutes ouvertes et les tiennent ains eslevées jusques à ce que le prestre montre la paix ».

Ces différences minimes, puisqu'elles nous disent d'abord que ces gens sont catholiques, sont d'autant mieux exhibées qu'elle font diversion : l'attention, presque déplacée, portée à la célébration du culte catholique, sert à faire oublier que le pays est un des bastions de la Réforme ; le premier que traversent les voyageurs. On viendrait même à en douter, à voir – point d'orgue de cette évocation – l'interprète, « messager juré de Bâle » (son titre, opportunément annoncé, fait de l'homme le représentant de la cité),

> « montr/er/ à sa façon y estre avec une grande dévotion et grand désir. »

Ce parti-pris d'euphémisation fait ressortir les contradictions internes du discours et par là-même, l'écart entre le point de vue du secrétaire et celui de Montaigne.

En effet, le distorsion procède d'une démarche paradoxale. Premièrement, l'objet (les temples et ce qui représente le culte réformé) est donné comme différent et donc significatif à ce titre. Puis l'altérité constatée est minimisée, pour réduire, on le suppose, le scandale qu'elle pourrait représenter aux yeux d'un catholique romain. Ne serait-il pas plus simple de ne rien dire du tout ? Mais le secrétaire se doit de rendre compte des curiosités de son maître : c'est bien Montaigne qui s'empresse de visiter le temple de la première ville réformée qu'il traverse, puis rencontre, le lendemain, Grynaeus, Zwinger et Hotman et fait porter la conversation sur les divergences théologiques entre les diverses confessions réformées. Le secrétaire réticent fait ainsi valoir, malgré lui, la réelle curiosité de son maître sur ces questions.

C'est peut-être là, l'enseignement le plus sûr qu'on puisse tirer de ces ellipses, car, quoique le secrétaire tienne parfois à marquer des réserves qui feraient passer Montaigne pour un original,

> « Il meslait à la vérité, à son jugement un peu de passion du mespris de son païs, qu'il avoit à haine et à contrecœur pour autres considérations » (p. 32)

les divergences d'opinion n'ont guère la possibilité de s'exprimer clairement dans un texte destiné à être au moins relu, sinon révisé par Montaigne. On doit donc se contenter de poser le principe d'un écart entre les points de vue des deux « auteurs ».

En revanche, on peut déduire de ces distorsions l'idée que le discours agence une « stratégie descriptive » qui, sans qu'il soit besoin d'en attribuer l'intention à l'un ou à l'autre des protagonistes détermine un regard sur la Suisse. L'emphase et l'hyperbolisme de la description permettent d'en rendre compte en rapportant ces traits au registre du merveilleux.

L'hyperbole et la merveille

La valorisation de l'objet et, de manière générale, l'éloge du pays visité, sont loin d'être une règle absolue dans l'écriture du voyage. L'évocation de la « rudesse allemande »

> « nous fusmes mal logés à l'aigle et y receusmes de l'hoste un trait de la liberté et fierté barbare Alemanesque » (p. 29)
> « cette contrée est extremement pleine de ladreries » (*id.*)

le prouve et fait valoir la sincérité de l'éloge de la Suisse, « une très-bonne nation », par la voix de Montaigne ou sous la plume d'un secrétaire qui se veut impartial lorsqu'il juge de la « passion » de son maître. Mais dès lors que le pli est pris, l'écriture se coule tout naturellement dans le moule d'un registre littéraire défini, qui l'apparente à la fiction.

Dès la première vision, la Suisse apparaît comme un « pays de cocagne ». Sa richesse naturelle est signalée avec insistance, par des voyageurs admiratifs – notons que la mise en scène de la merveille, ne distingue pas le sujet de l'objet – depuis les coteaux des environs de Thann :

> « pleins de vignes, les plus belles et les mieux cultivées et en telle étendue que les gascons qui estoient là disoient n'en avoir jamais vu tant de suite. »

jusqu'à Hornussen (« un pays bien fertile et assez plain ») en passant par la plaine du Rhin de Mulhouse à Bâle : (« un païs beau, plain, très fertile, »). Dans ce pays fortuné, même les chevaux ont plus d'avoine (…) qu'ils n'en peuvent manger ». La générosité de la nature s'exprime par le *topos* de l'abondance :

> « Ils ont une infinie abondance de fontaine en toute cette contrée » (p. 16)
> « Ils ont grande abondance de toutes sortes de vivres » (p. 19).

Par une relation de *convenientia* qui postule une ressemblance entre les qualités d'un lieu et celles de ses occupants, à cette générosité répond l'ingéniosité des habitants :

> « Ils (…) ont aussi foison de fer et de bons ouvriers de cette matière » (p. 17)
> « Ils sont aussi excellents en tuillières » (*id.*)
> « Ils (…) ont de très-bons artisans de charpenterie » (*id.*)

Dans la description de leur service de table, le seul détail qui suggère la pauvreté, les assiettes de bois, aux tables des logis, fait valoir une austérité d'autant plus méritoire qu'elle s'entoure des manifestations de la richesse :

> « ils ne servent le bois que par coustume, car là mesme où ils le servent, ils donnent des gobelets d'argent à boire et en ont une quantité infinie ». (p. 18)

Les logis donnent la mesure de ce luxe :

> « Ils sont sumptueux en poeles c'est à dire en salles communes à faire le repas. En chaque salle (...) il y aura volontiers cinq ou six tables equipées de bancs (...) les moindres logis ont deux ou trois telles salles » (p. 17)

particulièrement ceux de Baden :

> « En celuy où nous logeames / l'Hinterhof/il s'est veu pour un jour trois cens bouches à nourrir. Il y avoit grande compagnie quand nous y estions, et bien cent septante lits qui servoient aux hostes. Il y a dix sept poeles et onze cuisines et en un logis voisin du nostre, / le Stadthof/cinquante chambres meublées ». (p. 20).

Le discours affiche ainsi les signes d'un hyperbolisme de convention : les déterminants quantitatifs et qualitatifs traduisent l'émerveillement dans la représentation d'un ailleurs presque fabuleux. Sa définition repose systématiquement sur la mesure de cette différence décisive : qu'il s'agisse de poterie, (« il n'est rien si délicat que leur poeles ») ou des services qu'on trouve dans leurs logis, lessive, vaisselle qu'ils »font meilleures et fourbissent (...) beaucoup mieux (...) qu'en nos hostelleries de France », les Suisses « nous surpassent de beaucoup »(p. 17).

Cet hyperbolisme qui veut faire ressortir la « différence » de la Suisse, ordonne la représentation de l'espace. Considéré du point de vue de sa fonction iconique, le discours descriptif agence un morcellement de l'image destiné à signifier la différence plutôt qu'à la montrer. Il procède d'une démarche qui, dans un paysage stylisé, isole des fragments détachés de leur lieu, emblèmes plutôt qu'images. Il structure ainsi l'espace en visant les extrêmes et en s'attardant sur ce qui découpe et sépare.

Dans l'évocation, placée hors de son lieu, qui suit la mention du séjour bâlois et en recompose, de mémoire, le paysage urbain donné comme modèle, le balayage de l'étendue commence par les lointains : les clochers et leurs horloges :

> « il n'y a si petite église où il n'y ait un horloge et quadran magnifique » (p. 17)

les couvertures des maisons, « fort embellies de bigarrures de tuillière plombée en divers ouvrages » (*id.*) Puis, dans un mouvement dont l'incohérence visuelle détermine le caractère abstrait, l'espace intérieur défini par ses carrelages (« le pavé de leur chambre ») et ses boiseries : « leur futaille est toute labourée et la pluspart vernie et peinte »(*id.*).

L'éclatement de l'image n'est par pour nous surprendre dans des inventaires qui, par nature, ne visent pas à la cohérence visuelle, mais il apparaît comme l'effet d'une « stratégie descriptive » lorsqu'il met en évidence les césures de la représentation.

Le discours s'articule autour de l'opposition extérieur-intérieur, privilégiant le découpage de l'espace. Les façades peintes, caractéristiques de l'esthétique de la Renaissance sont mentionnées deux fois en tant qu'objets remarquables :

> « Nous (...) vismes de singulier la maison d'un médecin nommé Felix Platerus, la plus peinte et enrichie de mignardise à la françoise qu'il est possible de voir » (p. 15)
> « ils ont telle coustume de peindre quasi toutes les maisons par le dehors et les chargent de devises qui rendent un très plaisant prospect » (p. 20)

mais le discours se garde bien de suggérer le volume que figurent ces peintures en trompe-l'œil. L'aplat du discours se contente de faire valoir l'énigme de ces portes, percées aux étages, et qui donnent sur le vide en attendant de s'ouvrir sur des balcons :

> « Ils sont si accoustumés aux galeries, mesme vers la Lorraine, qu'en toutes les maisons ils laissent entre les fenestres des chambres hautes, des portes qui répondent en la rue attendant d'y faire quelque jour des galeries » (p. 16)[1]

Perçu de l'extérieur ou de l'intérieur, façades et murailles sont quasiment les seuls objets à figurer l'espace, choisis parce qu'ils affichent les signes d'un luxe qui suscite l'admiration du rédacteur :

> « Les murailles des logis sont toutes revestues d'escussons des gentilhommes qui y ont logé. » (p. 20)
> « En toute cette contrée depuis Espiné, il n'est si petite maison qui ne soit vitrée et les bons logis en reçoivent grand ornement, et au dedans et au dehors pour en estre fort accommodée et d'une vitre ouvrée en plusieurs façons » (p. 16)

---

1 La chose est surprenante. On peut se demander si l'observation ne découle pas d'une confusion avec les peintures des plus belles façades qui représentent fréquemment des portes et des galeries.

Ces murs et ces vitrages sont les césures qui font basculer l'axe de la représentation spatiale, distinguant l'extérieur de l'intérieur :

> « Ils n'ont nulle defense du serein ou du vent que la vitre simple (...) et ont leurs maisons fort percées et claires » (p. 17)

sans que jamais l'obstacle ne soit traversé par un point de vue qui unifierait la perspective. Ces fenêtres qui laissent entrer le jour ne laissent pas passer le regard.

Enfin, lorsque le discours se rapporte à un lieu défini, comme c'est le cas à propos de Baden, cette tendance au découpage dépasse le simple refus de la cohérence. Le discours descriptif semble s'agencer, paradoxalement, dans le but de dérober la vision de l'espace : l'ellipse apparaît alors comme l'effet d'une censure.

L'ellipse ou la censure : les bains à Baden

Malgré la relative abondance d'éléments descriptifs, la représentation de Baden, la plus achevée de cette partie du *Journal*, n'est pas la moins elliptique. Le lointain et le proche, le dehors et le dedans sont les déterminants qui agencent le discours dans un mouvement de fuite perpétuelle, manifestée par l'incessant déplacement du point focal.

La ville n'est d'abord mentionnée que pour figurer un déplacement qui la rejette au loin :

> « Bade, quatre lieues (...) Nous ne logeames pas en la ville mais audit bourg qui est tout au bas de la montagne » (p. 20)

Fig. 1: Projet de façade peinte à Bâle, d'après Hans Holbein le jeune. " Ils ont telle coustume de peindre quasi toutes les maisons par le dehors et les chargent de devises qui rendent un très plaisant prospect "*Journal de Voyage de Montaigne* éd.cit. p. 20.

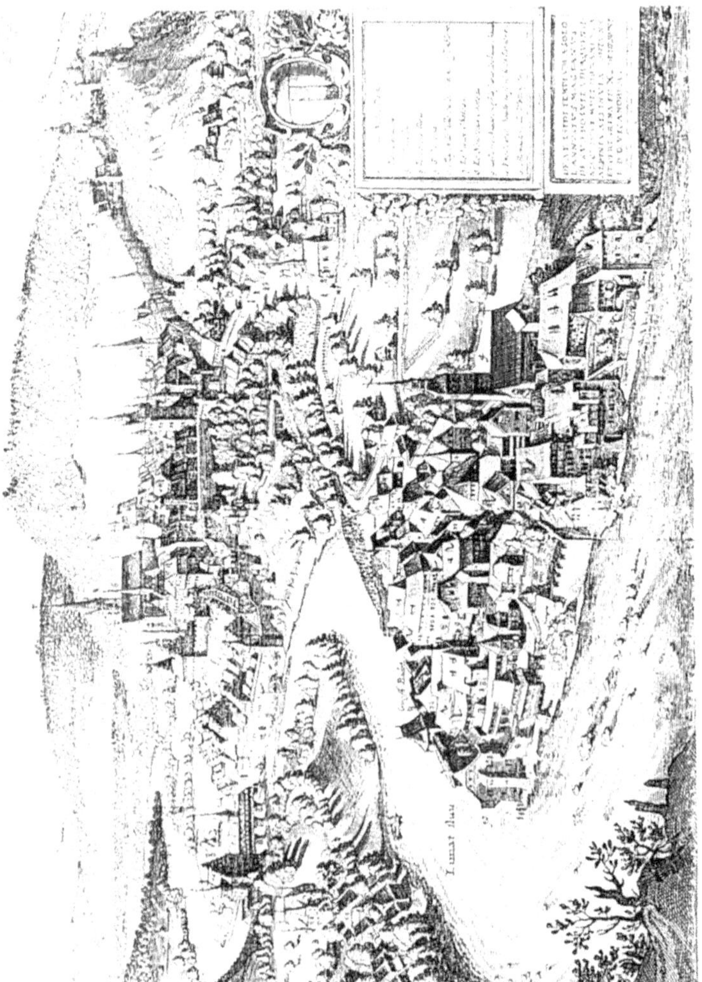

Fig. 2 : La ville de Baden au XVIIe siècle.

La rive de la Limmat pourrait offrir un repère convenable, si le site faisait l'objet d'une description plus circonstanciée :

> « le long d'une rivière ou un torrent plutot, nommé Limmat qui vient du lac de Zurich. »

Mais le torrent renvoie à sa source, un ailleurs qui dérobe la situation précise du bourg et des bains. Ceux-ci, les deux piscines publiques qui sont, à l'évidence, des lieux privilégiés, ne méritent qu'une mention (« Il y a deux ou trois bains publiques découverts »), simple transition qui conduit, par un nouveau déplacement, aux cellules louées aux particuliers :

> « Les autres en fort grand nombre sont enclos dans les maisons ; et les divise-t-on et depart en plusieurs petites cellules particulières, closes et couvertes »

Le point focal de cette première description est ainsi un espace clos, compartimenté, relié à l'ensemble par le réseau qui, depuis un centre invisible et introuvable, diffuse les eaux thermales :

> « lesdites cellules les plus delicates et mieux accommodées qu'il est possible, y attirant des veines d'eau chaude pour chacun bain ».

Après une digression qui dresse l'inventaire des richesses des logis et une description de Baden qui nous renvoie à l'horizon de la représentation, (« la ville est au haut… ») – on verra plus loin qu'elle se détache de son lieu – c'est encore l'eau qui sert de fil conducteur :

> « L'eau des bains rend une odeur de souffre à la mode d'Aigues-caude et autres. » (p. 21).

Ce qui introduit une nouvelle représentation des cabinets particuliers : comme pour mieux accueillir d'hypothétiques baigneuses, l'espace est vidé de toute présence humaine :

> « Qui aura à conduire des dames qui se veuillent baigner avec respect et délicatesse, il peut les mener là, car elles sont aussi seules au bain »

Le regard du lecteur est ainsi conduit dans un espace clos, écrin d'une solitude idéale dont on lui laisse contempler le décor :

> « qui semble un très-riche cabinet, clair, vitré, tout autour revestu des lambris peint et planché très proprement ».

Un détail pourtant, vient ruiner l'illusion : si l'on se baigne seul, à quoi sont destinés les « sièges et les petites tables » disposés dans les bains ? Pour euphémisante qu'elle soit, la réponse, (« pour lire ou jouer si on veut ») nous fait bien comprendre qu'on ne se baigne pas seul. Ces cabinets ne sont pas moins publics que les ruelles des Précieuses au siècle suivant et sans doute moins décents :

> « ceux du pays (…) y sont tout le long du jour à jouer et à boire (…) dans l'eau jusqu'aux reins » (p. 22).

Montaigne est bien le seul à abréger la séance – en quatre jours, il se contente d'un seul bain d'une demi-heure – et à s'y plonger consciencieusement « jusques au col, estendu le long de son bain ». La comparaison avec ce que l'on sait des *realia* fait ressortir l'ampleur de la distorsion et la volonté de censurer le spectacle qu'offre Baden.

Depuis la fameuse lettre de Poggio Bracciolino[1], ces bains sont réputés pour la légèreté de leurs mœurs. Si l'on en croit H. Mercier, « la Réforme n'enraya point la vogue de Bade (...) tout ce que Berne, Zurich et les pays limitrophes comptaient de monde cossu se pressa dans cette nouvelle Cythère, où l'on pouvait s'habiller et vivre à sa guise »[2]. La description du *Journal* est loin d'en rendre compte : « à lire le génial auteur des *Essais* on pourrait croire que Bade est devenue une station calviniste, c'est à dire rigide et austère (...) lorsqu'il / Montaigne/ dit que les personnes se baignent seules, cela doit concerner une personne souffrante ou détachée comme lui à ce moment, des choses de ce monde »[3]. La dernière formule est peut-être excessive, mais elle traduit bien l'étonnement du lecteur, devant l'écart entre l'évocation du *Journal* et ce que montrent les relations des autres voyageurs, Hans Krafft, Thomas Coryat (1573, 1608)[4] ou l'évocation du *Tableau de la Suisse* (1618) de Marc Lescarbot :

---

1 Voir la traduction de sa lettre par A. Meray in H. Mercier *op. cit.* p. 91-105. La comparaison des textes fait également ressortir le mouvement de fuite qui caractérise la vision des bains dans le *Journal.* En donnant *grosso modo* les mêmes indications, le Pogge construit l'espace en situant respectivement chaque repère : « /Baden/ est située au pied d'un amphithéâtre de montagnes, près d'une rivière large et torrentueuse qui se jette dans le Rhin à six mille pas de la ville. A quatre stades de distance, est un charmant village bâti sur la rivière pour le service des baigneurs. Au centre de cet établissement se trouve une place très vaste, entourée de magnifiques hôtelleries... » (p. 95).

2 H. Mercier *op. cit.* p. 38. L'auteur observe à ce propos la magnificence des costumes interdits ailleurs par les ordonnances somptuaires des cantons protestants. Y aurait-il un parti-pris euphémisant du rédacteur du *Journal* dans son évocation du costume féminin ?

3 *Ibid.* p. 51.

4 Thomas Coryate, *Coryats Crudities hastily gobled up in five months travells...,* Londres 1611. Sur Coryat et Hans Krafft, voir H. Mercier *op. cit.* p. 52-54.

> « c'est un playsir de voir cent beautez nompareilles
> Estaller en cent beings chascune ses merveilles(...)
> De pouvoir quelquefois un doux baiscr soubstraire
> En faisant de ces bains l'épreuve salutaire,
> sans penser toutefois autre chose attenter
> Si ne voulez des Loix les peines mériter. »[1]

L'agencement descriptif du *Journal* procède à l'évidence d'une volonté de censure. Euphémisme ou litote, la vision des cabinets ne laisse deviner leur usage que par ces objets, sièges et tablettes, laissés comme des pièces à conviction sur les lieux du crime. Le reste est à l'avenant. Le détail des commodités :

> « Celuy qui se baigne vuide et reçoit autant d'eau qu'il lui plaist ; et a t'on les chambres voisines chacune de son bain » (p. 21)

se substitue au tableau des baigneurs. Les changements de point de vue offrent, au littéral comme au figuré, des points de fuite :

> « les proumenoirs beaux le long de la riviere, outre les artificiels d'aucunes galeries »

qui, sans transition, conduisent le regard vers l'horizon :

> « Ces bains sont assis en un vallon commandé par les costés de hautes montaignes mais toutesfois pour la plupart fertiles et cultivées »

1 Cité d'après H. Mercier *op. cit.* p. 56.

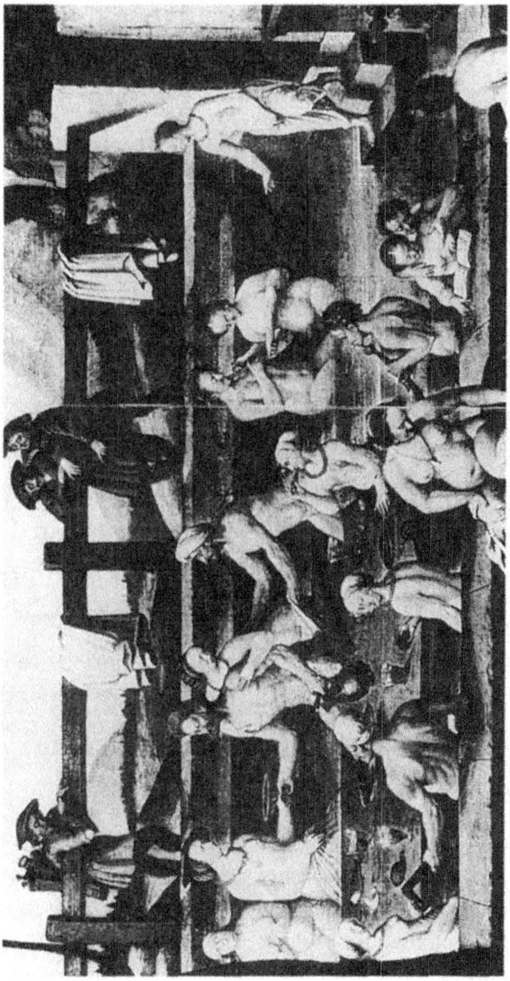

Fig. 3 : Hans Bock l'Ancien, Les plaisirs des bains (1597) (Bâle, Kunstmuseum). « Ceux du pays qui y sont tout le long du jour à jouer et à boire, ne sont dans l'eau que jusqu'aux reins... », *Journal de voyage de Montaigne*, éd. cit. p. 22.

Si l'analyse de l'eau – son odeur et sa température puis son goût et enfin son aspect, comparé à celui des « autres eaux soufrées » – sert de leitmotiv[1], n'est-ce pas pour éviter de mettre en scène les usages des baigneurs rapportés elliptiquement à leur « source » historique ?

> « l'usage en est fort ancien et duquel Tacite fait mention. Il en chercha tant qu'il peut la maistresse source et n'en peut rien apprendre »

Une mise en perspective temporelle se surimpose ici, à la représentation spatiale. L'antanaclase supposée (de la « source » littéraire à la source des bains) et l'anacoluthe (« Il » désignant Montaigne et non Tacite), contribuent à disloquer l'image tout en révélant le malaise du rédacteur qui s'applique à décrire sans rien montrer.

L'image qu'il donne de Baden se tient ainsi dans les cadres que l'on a définis. L'espace, saisi par les mentions de ses limites et de son cloisonnement, rappelé, à l'occasion du départ, par l'éloge de « l'aisance et la commodité du lieu et du logis » :

> « si propre, si bien party selon la part que chacun en veut sans subjection ny empeschement d'une chambre à l'autre, qu'il y a des parts pour les petits particuliers et autres pour les grands bains, galeries, cuisines, cabinets, chapelles à part pour un train.» (p. 25)

---

1 Sa minutie recèle un autre déplacement qui fait éclater le cadre de la représentation, la comparaison avec les eaux de Spa : « Elle est moins nette que les autres eaux que nous avons veues ailleurs et charrie en la puisant certaines petites filandres fort menues. Elle n'a point ces petites étincelures qu'on voit briller dans les autres eaux souffrées, quand on les reçoit dans le verre et comme dit le seigneur Maldonnat qu'ont celles de Spa. » *Journal* éd. cit. p. 21.

n'est évoqué que par le mouvement perpétuel d'un discours qui balaye l'étendue comme les veilleurs font leur ronde, sans s'arrêter en aucun un lieu[1]. Hormis une scène de genre qui campe des femmes à la lessive :

> « Les femmes y font les buées à descouvert et en lieu publique dressant pres des eaux un petit foyer de bois où elles font chauffer leur eau »

les rues et places du bourg sont vides. La présence des curistes, encore nombreux en cette arrière-saison[2], n'est que suggérée par des objets (les tablettes des cabinets), les linéaments d'un décor (les promenoirs) ou la couleur de l'eau teintée de leur sang :

> « ils se font corneter et saigner si fort que j'ai veu les deux bains publiques parfois qui sembloient estre de pur sang. »

Cette absence procède d'un choix. A une représentation fidèle qui s'emploierait à rendre compte de l'espace du séjour, se substitue, on le verra, une image qui, dissociée de son lieu, agence « l'utopie suisse ». Les lacunes dans la peinture de Baden ne s'expliquent-elles pas alors, par la concurrence de deux représentations, les ellipses de l'une favorisant la constitution de l'autre ?

---

1 Notons, à ce propos, que l'évocation substitue la mesure du temps à celle de l'espace : « Ils font gardes en leurs villes et aux bains mesmes qui n'est qu'un village. Il y a toutes les nuits deux sentinelles qui rondent autour des maisons (...) Quand les heures sonnent, l'un d'eux est tenu de crier à haute voix et pleine teste à l'autre. » *Journal* éd. cit. p. 25.

2 « Il y avoit encore grande compagnie quand nous y estions et bien cent septante lits qui servoient aux hostes qui y estoient »(*ibid.* p. 20).

Machines et merveilles : le discours « technologique »

Il est enfin une catégorie d'objets qui, par nature, s'intègrent à une représentation organisée sur le modèle du merveilleux. Il s'agit des machines et autres artifices dont l'analyse met en évidence « l'ingéniosité » des Suisses. La place qui leur est faite dans la relation, ainsi que la méthode descriptive choisie, marquent leur privilège et leur statut de curiosités. Il faut y voir l'effet d'une tendance de l'imaginaire du siècle qui, après de longues réticences, valorise les prodiges de la technique. Enigmatique pour le lecteur moderne, l'attention portée à la technologie, dans les passages du *Journal* consacrés à la Suisse et à l'Allemagne, s'explique par la convergence de plusieurs modèles.

La description des machines relève évidemment du compte-rendu : Bâle et de Constance offrent au voyageur le spectacle d'une activité économique moderne pour son temps. Mais le discours ne s'en tient pas aux *realia*. Le rédacteur qui tient ces objets pour des signes, les détache de leur lieu :

> « quasi toutes leurs broches se tournent par ressors ou par moyen de poids, comme les horloges » (p. 18)

ou n'en fait mention qu'après coup :

> « il y a des moulins d'eau à scier bois, comme nous en avions veu plusieurs ailleurs » (p. 26)
> « nous vismes au partir /de Schaffouse/ un engin de fer que nous avions veu aussi ailleurs, par lequel on souslève les grosses pierres » (p. 27).

Il ne s'agit donc pas de représenter l'activité de tel lieu, mais de signifier, à travers ces objets, une ingéniosité qui serait propre à l'ensemble. Ce découpage et la sélection préalable qu'il suppose, tendent à transformer leur statut : de *realia*, les machines deviennent des emblèmes et le discours qui les représente, manifeste cette qualité.

On y retrouve l'écho d'une curiosité « moderne » qui s'applique à valoriser des objets considérés, un demi-siècle plus tôt, comme insignifiants voire méprisables parce que les arts « méchaniques » restaient inférieurs aux « arts libéraux ». Les mentions du treuil vu à Schaffouse et des installations portuaires de Constance s'inscrivent dans ce cadre :

> « (...) ayant rangé force pals qui enferment des deux costés cet espace de lac, dans lequel espace se logent les bateaux et se chargent. »

Elles rappellent l'inventaire du *Théâtre des instrumens mathématiques et méchaniques* de Jacques Besson pour lequel François Béroalde de Verville rédige des commentaires et une préface, datée de Bâle, deux ans avant le passage de Montaigne. Celle-ci proclame la dignité de la « méchanique », « soit pour la nécessité, soit pour l'ornement et honneste récréation »[1]. On trouve, dans l'ouvrage, des machines pour « trainer & charrier des perrières, tous grands & incroyables fardeaux », pour « porter les marchandises & trainer contremont les bateaux de rivières », pour « planter dans l'eau des paux à plomb », ainsi qu'une « forme selon laquelle (...) les pilotis sont de toutes pars liés ensemblement »[2]. Semblablement, les mécanismes logés dans les cheminées rappellent, quoique le

1 *Op. cit.* (cf. *supra*, note n°9), épître dédicatoire.

2 Il s'agit, respectivement, des « propositions » 30, 31, 32, 22 et 24.

propos en soit distinct, « certaine invention pour massonner (...) cheminées desquelles & les rayons du soleil & le souffle des vents sont tellement forclos que nul ne peut estre offensé de fumées dans les chambres. »[1]

Mais un autre modèle, qui suggère des analogies plus étonnantes, vient nourrir, sans doute involontairement, le discours technologique du *Journal*. L'évocation du service de table des logis, justifiée par la mention d'une différence qui autorise le développement (« Leur service de table est fort différent du nostre ») est sans doute un compte-rendu fidèlement observé. Mais dans l'attention portée à l'instrument qui fait office de desserte :

> « ils meslent diverses viandes ensemble (...) et les servent parfois les uns sur les autres par le moyen de certains instruments de fer qui ont de longues jambes : sur cet instrument il y a un plat et au dessous un autre (...) Ce valet dessert aisément ces plats tout d'un coup et on sert autres deux jusques à six sept tels changemens. » (p. 17-18)

subsiste peut-être une composante « merveilleuse ». Le passage peut rappeler en effet un topos de la fiction romanesque, la scène du banquet telle qu'on la trouve décrite dans le *Songe de Poliphile* de Francesco Colonna, traduit par Jean Martin en 1546 puis par Verville à la fin du siècle[2] :

---

1 *Ibid.*, proposition 41 : « L'utilité de ceste invention est telle qu'elle est désirée souvent pour la commodité des chambres où on fait le feu, qui en beaucoup de lieux fument si fort à cause des vents et du soleil que cela fasche les demeures ».

2 (cf *supra* note n°7). Le rapprochement ne postule aucune influence, les contextes étant trop différents ; c'est ce qui rend l'analogie étonnante.

> « quand on voulait changer de metz, deux damoyselles amenoient au mylieu de la place un chariot sur quatre roues, (...) l'œvre estoit tant ingénieuse que je ne sauroie trouver chose assez digne (ce me semble) pour en faire comparaison. Dedans ce chariot estoient les services nécessaires pour le changement des tables, a savoir nappes, serviettes, couppes, assiettes, vaisselle, fourchettes, viande, saulce & le breuvage distribué par les damoyselles du chariot aux autres qui servoient les tables, lesquelles remettoient dedans toute la desserte. »[1]

Enfin, la description de « l'arbre-galerie » de Schaffouse qui s'apparente au discours technologique, parce qu'elle met en valeur non l'objet lui-même, mais le savoir-faire qui permet sa réalisation, combine les modèles du merveilleux et du projet utopique. L'édifice végétal vu à Schaffouse, de même que celui contemplé à Castello, est l'un de ces topiaires caractéristiques des jardins de la Renaissance. Sa description rappelle la fiction des jardins de Cythère dans le *Poliphile* :

> « ces plantes au moien de leurs branches font de belles et plaisantes voultures ainsi comme seroient des arcs regnans sur un rang de colonnes (...) tout ce qui est au dessus (...) n'est rien que verdure ployée & agencée (...) »[2]

ou le projet des « cabinets verts » du « jardin délectable » détaillé par Palissy dans sa *Recepte véritable* :

> « Je feray avancer les branches par degrez mesurés par art de géométrie et architecture (...) je plieray certaines gittes qui procèderont de l'architrave et de la corniche : et en les

1 « Poliphile racompte l'exellence de la royne, le lieu de sa résidence (...) ensemble le riche & sumptueux banquet & le lieu où il fut préparé qui n'a ny semblable, ny second » F. Colonna, *op. cit.*, trad. J. Martin, Paris, Kerver, 1546, (f°36 r°).

2 *Ibid.* f°108 r°.

> pliants et arrengeant au dedans (...) je feray tenir à une chacune gitte ou branche, une forme de lettre antique bien proportionnée »[1].

Ces rapprochements n'expliquent pas le texte du *Journal*, mais lui restituent son arrière-plan en attirant l'attention sur la part d'imaginaire qu'il recèle. Outre la valorisation implicite que suppose le choix de ces objets, il y a une symbolique de la technique qui, de manière détournée, dit le rapport de l'individu à l'humanité et de l'homme à la nature[2]. Se détachant de la chose vue, pour analyser l'idée, le discours du *Journal* fait valoir cette relation.

Cheminées, topiaires et machines hydrauliques : de l'objet à l'idée

Le discours technologique se distingue des autres descriptions en ce qu'il considère non l'aspect de l'objet, mais l'ingéniosité qu'il recèle. Partant d'un constat initial, par exemple le « mouvement très-uni et très constant » des tourne-broches, il en fait une énigme qu'il entreprend de résoudre. Lorsque leur mécanisme ne met en œuvre ni ressort ni contrepoids, « comme celui des horloges », il est mû par la force du vent :

> « par certaines voiles de bois de sapin larges et legières qu'ils logent dans le tuyau de leurs cheminées qui roulent

1 Bernard Palissy, *op. cit.* (cf. *supra*, note n°8) p. 141.

2 Voir à ce propos les réflexions de M. Tetel « A travers les inventions dans le *Journal de voyage en Italie* », *L'invention au XVIe siècle*, textes recueillis par C.-G. Dubois, Presses Universitaires de Bordeaux, 1987 p. 185-195.

> d'une grande vitesse au vent de la fumée et de la vapeur du feu. » (p. 18)

Ce qui explique une anomalie plus apparente, la dimensions des conduits des cheminées qui « depuis la Lorraine, ne sont pas à nostre mode » :

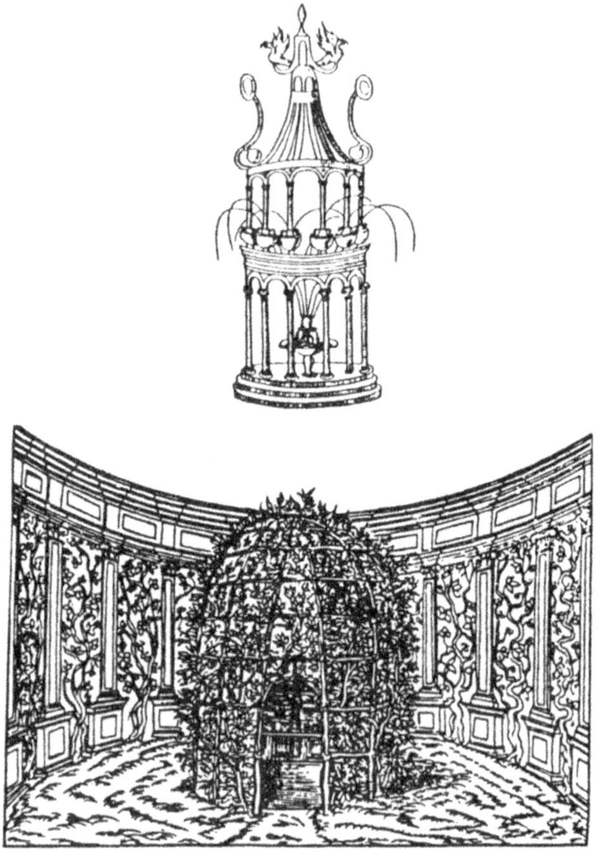

Fig. 4 : exemples de topiaires : « Ces plantes au moien de leurs branches font de belles et plaisantes voultures ainsi comme seroient des arcs regnans sur un rang de colonnes (...) tout ce qui est au dessus (...) n'est rien que verdure ployée & agencée (...) » *Discours du Songe de Poliphile* (Paris, Kerver, 1546, f°108 r.). « Cela rend une très-belle forme et un très bel arbre » *Journal de voyage de Montaigne* éd. cit. p. 26-27

> « Cela leur donne espace de loger en un endroit leur grande voile qui chez nous occuperoit tant de place en nos tuyaux que le passage de la fumée en seroit empesché. » (p. 19).

La singularité de ces cheminées est donc le signe d'une ingéniosité cachée, valorisée pour elle-même, pour « l'ornement et honneste récréation » qu'elle procure, selon la formule de Verville. En effet, le résultat ne compte pas : « ils asséchissent un peu trop leur viande » ; la technique proprement-dite, encore moins : le mécanisme que le rédacteur choisi de décrire est, de loin, le plus primitif ; d'ailleurs, le discours ignore le système qui transmet la rotation des pales à celle de la broche. Reste une idée, symboliquement « parlante » : l'éloge de l'esprit qui a su agencer des forces naturelles rendues complémentaires, « le vent de la fumée et de la vapeur du feu », pour produire à volonté, un mouvement maîtrisé, « très-uni et très-constant » (p. 18).

La même relation symbolique entre l'artifice et le naturel se lit dans la description du « cabinet vert » de Schaffouse : parce qu'il donne forme au matériau végétal, l'artifice fait valoir l'ingéniosité qui maîtrise la nature. Pour le dire, le discours ne transcrit pas le spectacle qu'offre l'objet, mais s'emploie à reconstituer les opérations qui le construisent. Il décompose les étapes, en projetant dans l'espace, une sorte de maquette.

Le tronc de l'arbre, perçu de bas en haut, constitue l'axe de la représentation. Une première halte considère les basses branches par où commence la métamorphose du naturel :

> « Des premières branches, et plus basses, ils se servent à faire le planchier d'une galerie ronde qui a vingt pas de diamètre » (p. 26)

La mesure de ce balcon circulaire définit la base d'un volume, que la matière végétale va recouvrir d'un treillis, à la manière d'une cage. Les branches basses épousent le contour :

> « ces branches, ils les replient contremont et leur font embrasser le rond de cette galerie et se hausser amont autant qu'elles peuvent ».

Un vide est ménagé au centre :

> « Ils tondent après l'arbre et le gardent de jeter jusques à la hauteur qu'ils veulent donner à cette galerie, qui est environ dix pieds »

sous la voûte de feuillage constituée par les branches hautes, jointes et ligaturées aux branches montantes :

> « Ils prennent là les autres branches qui viennent à l'arbre, lesquelles ils couchent sur certaines clisses pour faire la couverture du cabinet ; et depuis les plient en bas pour les faire joindre à celles qui montent contremont »

A ce stade de l'opération, l'arbre se présente comme une tige surmontée d'une sorte de cylindre de verdure enserrant « tout ce vuide ». Comme pour mieux isoler et mettre en évidence cette excroissance insolite, la partie haute de l'arbre est élaguée jusqu'au houppier, dont l'expansion esquisse une seconde voûte qui couronne l'édifice :

> « Ils retondent encore après cela l'arbre jusques à sa teste, où ils y laissent espandre ses branches en liberté ».

Le discours montre ainsi ce que le spectateur ne peut voir : la croissance contrôlée des branches autour de leur axe, l'idée, au sens architectural du terme, de « l'arbre-galerie ». L'idée suscite un jugement esthétique qui, subordonné à l'expression du concept, place la forme avant la matière :

> « cela rend une très-belle forme et un très-bel arbre » (p. 27)

La réalité de l'objet est ainsi rejetée au second plan et rappelée *in fine* par un dernier artifice, destiné au visiteur qui entrera dans cette « fabrique » :

> « Outre cela ils font sourdre à son pied un cours de fontaine qui se verse au dessus du planchier de cette galerie ».

La teneur conceptuelle du discours contraste vivement avec la description d'un autre « cabinet vert », dans les jardins de Castello, près de Florence. On y trouve, de même, une galerie de feuillage :

> « il y a aussi un cabinet entre les branches d'un arbre toujours vert, mais bien plus riche que nul autre qu'ils eussent veu car il est tout estoffé des branches vives et vertes de l'arbre » (p. 84)

ainsi qu'une fontaine :

> « Et au milieu, par un cours qu'on ne peut deviner, monte un surgeon d'eau jusques dans ce cabinet au travers et milieu d'une petite table de marbre. » (*id.*)

Mais le discours rend compte, non plus du développement d'une idée, mais d'une expérience et des sensations d'un visiteur prisonnier, pour son plaisir, de l'agencement :

> « ce cabinet /est/ si fermé de cette verdure qu'il n'y a nulle veue qu'au travers de quelques ouvertures qu'il faut pratiquer, faisant escarter les branches ça et là. » (*id.*).

L'écart entre les points de vue tient au fait que le jardin florentin est décrit sous la dictée de Montaigne, puisque le secrétaire n'a pas visité Castello[1]. Il y aurait donc, dans cet écart, la différence de deux regards portés successivement sur des objets analogues et il faudrait attribuer la description de Schaffouse au secrétaire. Toutefois, dans la mesure où Montaigne est toujours le destinataire du *Journal* sinon son inspirateur,la distinction est malaisée et finalement inopérante[2].

Il reste à rapporter cette conceptualisation à un projet descriptif spécifique, celui qui s'énonçe à propos de la Suisse et trouve son expression extrême, parfaitement abstraite et utopique, dans la vision de la machine de Constance.

Sauf à en préciser l'acception, le terme de vision est en l'occurrence, particulièrement impropre. Tout ce qu'ont pu voir nos voyageurs, c'est, au bord du Rhin, le chantier d'un « grand bastiment couvert, de cinquante pas de long et quarante de large ou environ ». Le discours remplit ce vide par anticipation en détaillant le projet de la machine. La progression reproduit le mouvement de l'eau, puisée dans le fleuve par des roues élévatrices :

> « ils mettront là douze ou quinze grandes roues, par le moyen desquelles ils eslèveront sans cesse grande quantité

1 « Eux quatre gentilshommes et un guide prindrent la poste pour aller voir un lieu du Duc qu'on nomme Castello. » *Journal* éd. cit. p. 83.

2 Dans d'autres passages, attribuables à Montaigne, l'attention portée aux mécanismes mis en œuvre dans les jardins, (les jets d'eaux et machines hydrauliques de la villa d'Este) n'est pas différente de celle qui se manifeste dans la partie suisse de la relation. Tout au plus peut-on remarquer que les descriptions de la villa d'Este recourent à des impressions et à des métaphores temporelles plutôt que spatiales, mais c'est une tendance également observable dans la description de Baden.

> d'eau sur un planchier qui sera un étage au dessus, et autres roues de fer en pareil nombre, car les basses sont de bois, et /la/ releveront de mesme de ce planchier à un autre au dessus. » (p. 28)

puis conduite « dans /la/ ville pour y faire moudre plusieurs moulins » :

> « ceste eau qui estant montée à cette hauteur qui est environ de cinquante pieds, se dégorgera par un grand et large canal artificiel »

Revenant à l'usage du présent, comme pour ancrer le projet dans la réalité, en donnant l'illusion de son fonctionnement, le discours décrit enfin les dispositifs cachés qui maitriseront le cours du fleuve :

> « Tout au fond de l'eau, ils font un planchier fermé tout autour, pour rompre disent-ils, le cours de l'eau et afin que dans cet estuy elle s'endorme, afin qu'elle s'y puisse puiser plus aisément ».

et en préviendront les crues :

> « Ils dressent aussi des engins par le moyen desquels on puisse hausser et baisser tout ce rouage, selon que l'eau vient à estre haute ou basse ».

Ce luxe de détails qui nous fait concevoir, et, en fin de compte, voir l'objet, ne laisse pas d'étonner. Car enfin, cette machine n'existe pas. Il n'y a, au demeurant, nulle tentative pour la situer dans la topographie de la ville. L'issue du discours en désigne la fonction : il s'agit de dire le triomphe de l'*ingenium* qui maîtrise la nature, en opposant cette rupture artificielle qui « endort » le cours de l'eau à la merveille « naturelle » des chutes de Schaffouse contemplées la veille.

C'est d'abord le jeu de l'antithèse qui justifie ce développement : les chutes du Rhin rompent, elles aussi, le cours de l'eau, mais en faisant obstacle à l'industrie humaine, puisqu'elles entravent la navigation. C'est aussi un phénomène de substitution qui tend à remplacer la vision des *realia* par une abstraction destinée à représenter la ville de Constance. La fin de ce mécanisme n'est-elle pas d'obtenir, comme dans l'exemple des cheminées, un « mouvement très-uni et très-constant » ?

Le jeu de mot n'est pas dans le texte, mais il rend compte d'une équivalence implicite : Constance est une ville de belle apparence. Elle a abrité un concile et compte des édifices encore imposants de nos jours. Or le rédacteur du *Journal* n'en dit rien, ou presque. Tout se passe comme si la vision de l'urbanisme se transcrivait, métaphoriquement, dans celle du mécanisme qui conduit l'eau dans la ville pour en dire l'industrie (« pour y faire moudre plusieurs moulins »), conjoignant à une représentation hypothétique et immatérielle, le mouvement du voyageur arrivant au port : « ils ont une belle terrasse qui regarde ce grand lac ».

Ce phénomène de transposition dénote l'accomplissement d'un projet descriptif qui surimpose à la vision des *realia,* une représentation idéale. Il reste à en saisir l'élan, dans la trajectoire du voyage.

« L'utopie » suisse ou le projet descriptif

Parallèlement au compte-rendu et presque sans relation avec les *realia*, on voit se constituer, depuis l'arrivée en Alsace jusqu'à l'étape de Constance, une image de la Suisse qui donne forme au discours. Le propos s'en décide au premier jour avec le spectacle de la plaine d'Alsace. L'hyperbole y magnifiait l'altérité du pays. Il s'agit, dès lors, d'en composer un tableau : le plus flatteur, en accord avec un jugement qui, à Baden (?), qualifiera les Suisses de « très-bonne nation ». On voit donc s'agencer une image, utopique par son hyperbolisme et parce qu'elle ne se rapporte pas à un lieu précis.

Sa composition préfigure la technique du *capriccio*. De Mulhouse, on retiendra l'hôtel de ville, « palais magnifique et tout doré » (p. 14) et non le temple. De Bâle, les statues préservées (dans les temples), la façade de la maison de Felix Platter, « La plus peinte et enrichie de mignardises à la françoise qu'il est possible de voir » et la « très belle librairie publique » (p. 15-16).

Après le départ de Bâle, l'utopie se cristallise dans un discours qui, par sa généralité, se veut exemplaire :

> « ils ont une infinie abondance de fontaines en toute cette contrée ; il n'est village ny quarrefours » (etc) (p. 16).

La vision trouve son lieu à Baden, « petite et très belle », dont l'évocation dresse le tableau d'une ville idéale. Magnifiée par ses dimensions et ses perspectives, l'image fait éclater son cadre par l'effet d'une généralisation :

> « comme elles sont quasi toutes en cette contrée. Car (...) ils font leurs rues plus larges et ouvertes que les nostres, les places plus amples et tant de fesnestrages richement vitrés partout » (p. 20).

L'hyperbole culmine avec le jugement esthétique qui qualifie les façades peintes :

> « ils ont telle coutume de peindre quasi toutes les maisons par le dehors, et les chargent de devises qui rendent un très plaisant prospect »

La fin du discours conjugue la qualité de l'urbanisme à la générosité « naturelle » du lieu :

> « outre ce qu'il n'y a nulle ville ou il n'y coule plusieurs ruisseaux de fontaines qui sont eslevées richement par les quarrefours, ou en bois, ou en pierre »

Elle fait valoir la différence qui résume l'altérité suisse : « cela fait paroistre leurs villes beaucoup plus belles que les françoises. »

Baden, qui ne se compare ni à Bâle ni à Constance, ne méritait pas tant d'honneur. Elle n'est ici que le prétexte à un développement qui en ignore la topographie[1]. On l'a dit en considérant la description des bains, le discours tient continûment la ville à distance, dans le flou des lointains qui autorise l'abstraction. Il lui substitue un modèle idéal qui représente toutes les villes de Suisse et, au delà, les qualités du pays.

Dès lors qu'il s'est constitué, le fantasme entre en concurrence avec les *realia* . Les parages des bains, pourtant explorés « avec toute la curiosité que nous pouvions », s'il faut en croire le secrétaire, n'appellent pas une représentation spatialement cohérente. L'urbanisme de Schaffouse – où s'édifie à ce moment, le fort Munot – et celui de Constance, sont ignorés. Tout se passe comme si la représentation idéale

1 Ce n'est pas, comme l'écrit le rédacteur, la ville mais le « vieux château » qui se dresse « au haut, au dessus de la croupe », tandis que Baden s'étend jusqu'à la rive de la Limmat.

s'interposait entre le regard du voyageur et les *realia*. La maquette autorise tout au plus des aménagements annexes.

A Schaffouse, selon une logique qui rappelle la progression de la description de Thélème, un espace voué au jeu et à l'agrément vient s'y ajouter :

> « il y a une butte à tirer de l'arbaleste et une place pour ce service, la plus belle, grande et accommodée d'ombrage, de siège, de galeries et de logis qu'il est possible. ; et y en a une pareille à l'harquebuse » (p. 26)

ainsi qu'une miniature de jardin (le « cabinet vert »). A Constance, l'hypothétique machine hydraulique transpose, dans le mouvement de l'eau, la vision de l'espace urbain.

A l'occasion du séjour de Baden, l'image de la ville idéale a donc pris forme dans le discours, nourri, jusqu'à ce point, de perceptions fragmentaires. L'essor du fantasme modifie en retour la perception de l'espace. Sa cristallisation donne son sens et son unité à cette partie du *Journal*.

Le discours révèle un projet : il s'agissait de maîtriser une matière nouvelle, l'étrangeté du pays, de ses usages et de sa langue ; ce à quoi le rédacteur est parvenu en prenant ses distances vis à vis des *realia* sélectionnées et réagencées dans un espace mental. Le discours transcrit ce travail, le mouvement qui compose le tableau emblématique de la Suisse. Il représente du même coup le mouvement du voyage, l'évolution d'une perception altérée par l'imaginaire. Ce constat modifie la perception du texte et sa nature : il faut, décidément, le tenir pour une fiction.

Le projet descriptif unifie l'apparent décousu d'une représentation désordonnée, lacunaire, qui résulte, paradoxalement, d'un souci de peindre le tout plutôt que la partie, l'idée plutôt que l'image. D'où cette tension perpétuelle entre le donné visuel, toujours fragmentaire, et l'agencement emblématique et conceptuel que vise le discours dès qu'il se prolonge.

Dans cette mise en scène, on a évalué le poids des conventions. Elles président au choix des objets (la curiosité, la différence), imposent des modes de représentation spécifiques (la comparaison, l'hyperbole) et rattachent la relation dans son ensemble, au modèle du merveilleux. La prépondérance des topoï ne manque pas d'étonner : il y a quelque chose d'excessif dans un parti-pris qui, au demeurant, ne vaut que pour la Suisse : serait-ce l'effet des hyperboles ? Ces merveilles laissent parfois sceptique, non que leurs perfections soient illusoires mais parce que leur représentation semble convenue. L'autorité du modèle ne surprend pas moins. Pour s'en tenir au visuel, les euphémismes relatifs aux temples de Bâle et aux usages des curistes à Baden, manifestent, par l'ampleur de leurs distorsions, sa fonction normative.

Ce constat soulève les questions de l'élaboration du texte et de sa fonction, relativement à l'ensemble du *Journal*.

Dans la mesure où l'une au moins des distorsions révélée par la comparaison avec les *realia* s'énonce comme l'effet d'une contradiction – la vision euphémisée des conséquences de la Réforme ne s'accorde pas à l'expression de la curiosité de Montaigne – on peut en attribuer l'initiative au secrétaire. De même, la description de l'arbre de Castello, vu par Montaigne seul, ne s'agence pas comme celle du topiaire de

Schaffouse. Ce qui fait valoir la disparate d'un texte qui conjugue deux regards, sinon deux volontés. On voit s'y esquisser la divergence des points de vue qui va croissant dans l'écriture du *Journal* et conduit logiquement au « congé » romain, quelle qu'en soit la véritable cause.

Toutefois, rapporter ce projet descriptif à l'initiative du seul secrétaire, c'est oublier que son maître est à la fois le commanditaire, le sujet et le destinataire du texte. Peut-on imaginer que le rédacteur – considérons qu'il s'agit du secrétaire – n'ait pas tenté de répondre à son attente, sinon à sa commande ? Il faut alors nuancer le partage, en considérant la situation du rédacteur qui tient un miroir dans lequel le lecteur moderne s'efforce d'apercevoir, obliquement, le reflet de Montaigne. Recueillant des bribes de conversation – souvent à contresens – s'efforçant de saisir au vol la pensée de Montaigne et peut-être d'imiter sa manière, ses choix, ses hyperboles expriment, non sans réserves, le point de vue d'un maître soupçonné parfois de « mêler à son jugement un peu de passion du mespris de son païs ». Qu'il le partage ou non, le secrétaire traduit cet enthousiasme par un choix : celui d'un projet descriptif qui recourt à la topique éprouvée du merveilleux. Cela ne va pas sans contradictions. Lorsqu'il y a un écart entre les faits (le culte réformé, les usages de Baden) et l'image idéale que véhicule le modèle, l'euphémisme est inévitable : le modèle l'emporte sur les *realia*.

La valeur normative du système descriptif détermine aussi l'intérêt du passage à l'échelle de l'ensemble. Le choix des curiosités impose des motifs qui ponctuent, tout du long, le discours du *Journal*. Les descriptions de machines et de jardins se continuent en Allemagne et en Italie, même sous la plume de Montaigne visitant la villa d'Este. On dit communément que Montaigne, ou son secrétaire, s'intéressent aux machines et aux jardins. Sans doute puisqu'ils les décrivent. Mais il ne serait pas moins exact de dire que machines et jardins sont dans le *Journal*, parce que la norme du discours, par contamination avec l'inventaire des merveilles, veut qu'ils s'y trouvent. Les choix descriptifs qui composent l'image de la Suisse auront défini des rubriques. Les inventaires s'en augmenteront, au fil du voyage, par l'effet de la pesanteur des motifs, qui une fois introduits, appellent la redondance.

Enfin lorsque Montaigne, parvenu à Rome, entreprend de poursuivre une « besogne si avancée », peut-on imaginer qu'il n'ait pas pris connaissance du texte ? Ecrire une continuation c'est se déterminer par rapport à un modèle. L'intérêt de cette partie du *Journal* est alors double : l'utopie suisse constitue un moment important du voyage parce qu'elle représente l'enthousiasme de Montaigne faisant l'expérience de l'altérité. Mais cette représentation se constitue aussi comme le modèle à l'aune duquel s'évalueront les descriptions ultérieures : parce qu'elle atteint à l'unité d'un projet descriptif, elle détermine les cadres du discours bien au-delà du passage considéré.

Gilles POLIZZI

Université de Haute-Alsace, Mulhouse.

LA CURIOSITÉ DE MICHEL

En 1986 parut une intéressante brochure : *La Curiosité de la Renaissance.* Cet ouvrage de 137 pages présente les actes réunis par M. Jean Céard avec la collaboration d'autres Seizièmistes consécutivement à une journée d'étude de la Société Française des Seizièmistes[1]. Déjà dans les « Préliminaires » Mmes Françoise Charpentier et Gisèle Mathieu-Castellani insistent avec M. Céard sur le fait que la « curiosité » recèle en soi un vaste spectre de définitions qui touchent de près la vie intime, la conscience, l'esprit et le caractère du curieux[2].

Notre exposé ne prétend pas s'étendre sur les subtilités tant psychologiques qu'épistémologiques ou encore linguistiques qui caractérisent la curiosité.

D'autre part, il ne fut jusqu'à présent pas trop question de la curiosité de Montaigne si l'on prend cet attribut caractériel dans sa signification la plus générale comme nous avons l'intention de le concevoir. Il convient pourtant de remarquer que dans l'ouvrage précité, M. Gaudenzio Boccazi a évoqué certains faits concernant la curiosité de Montaigne durant son voyage à travers l'Italie, des épisodes qui intéressent également le *Journal de Voyage*[3]. Quant à Mme Françoise Charpentier,

---

1 *La curiosité à la Renaissance,* Actes réunis par Jean Céard (avec la collaboration de neuf membres de la Société française des Seizièmistes), Paris, Société d'édition d'enseignement supérieur, 1986, 136 p.

2 Françoise Charpentier, Jean Céard, Gisèle Mathieu-Castellani, « Préliminaires » *op. cit.*, p. 7-23.

3 Boccazzi. Gaudenzio, « La curiosité du voyageur au XVIe siècle », *op. cit.*, p. 49-64.

dans son article, elle accentuait le contraste parfois étonnant que l'on rencontre entre la curiosité et l'incuriosité dans Les *Essais* de Montaigne[1].

Ayant déjà traité à diverses occasions du séjour de Montaigne en Suisse, il ne sera dans le présent article qu'en premier lieu question d'événements plutôt mineurs dont les récits auraient risqué de rompre le cours didactique de nos études publiées antérieurement et d'en surcharger le texte. Voilà pourquoi seront principalement évoquées des aventures qui, parfois, semblent être quelque peu anodines, lesquelles Montaigne jugeait pourtant assez importantes pour les noter dans son *Journal de Voyage*.

Grâce à ces circonstances, le montaniste aura l'occasion d'envisager Michel sous un aspect plus particulier que de coutume. Par le récit des petits détails de la vie journalière et privée auquel le *Journal* s'abandonne, le lecteur a l'occasion de percevoir d'autres vues sur Montaigne, que s'il s'était mis à le guetter dans le brouhaha et la rumeur d'une métropole avec ses foules cosmopolites et ses autorités auxquelles nécessité aurait été de rendre visite avec force honneurs.

Nous cheminerons par conséquent sur les traces de Montaigne à travers la Suisse, en l'accompagnant dans une partie du nord de la Confédération Helvétique, l'unique région du pays qu'il visita. Néanmoins, la présente analyse débutera en Lorraine : avant de parvenir en des régions suisses, une

1 Boccazzi. Gaudenzio, « La curiosité du voyageur au XVIe siècle », *op cit.*, p. 49-64.

aventure, digne d'être relevée, arriva à Montaigne, et ce en un territoire que « M. de Lorraine a là » (p. 88)[1].

Prenons donc rendez-vous avec notre ami et son escorte le mercredi 28 septembre 1580 à la dernière montée du col vosgien du Bussang. Montaigne venait de quitter Bussang, « petit méchant village, le dernier de langage français » (p. 88), avant de passer le Col du Bussang situé à une distance d'environ quatre kilomètres par où passait la frontière entre la Lorraine et l'Alsace. Malheureusement, Montaigne ne dit pas pour quelle raison il qualifie Bussang de « méchant village », un détail du voyage que nous regrettons d'ignorer.

Avant de parvenir sur le Col du Bussang, Montaigne fit un arrêt. Il lui importait de visiter les « mines d'argent que M. de Lorraine » y possédait (p. 88). Montaigne s'y fit accompagné par le jeune Charles d'Estissac[2]. Auparavant, nos explorateurs se revêtirent de « souquenilles de toile qu'on leur prêta », après quoi ils s'engagèrent « bien deux mille pas dans le creux d'une montagne » (p. 88).

Cette petite expédition incite à quelques réflexions.

En 1993 on commémora à Bâle et en d'autres cités universitaires le cinquième centenaire de la naissance de Paracelse, né en février 1493 à « Einsiedeln en Suisse », comme il se plaisait à préciser. Dans une petite étude parue

---

1 Nos citations sont tirées de l'ouvrage, Montaigne, *Journal de voyage*, édition de Fausta Garavini, Collection Folio, Gallimard, 1983. - Les emprunts, mis entre guillemets, sont directement suivis, entre parenthèses, par le numéro de la page correspondante de l'édition F. Garavini.

2 Bernoulli, René, « Montaigne und Paracelsus », *Gesnerus*, Revue suisse d'histoire de la médecine et des sciences naturelles, Vol. 49 (1992) Part 3/4, p. 311-322.

dans *Gesnerus,* j'avais déjà en 1992 mis en relief certains textes de ces deux célèbres personnages que furent Montaigne et Paracelse (1493-1541), certaines idées des deux critiques présentant des analogies fort intéressantes6. Le fait est que Montaigne devait connaître Paracelse par les ouvrages de ce médecin qui avaient été déjà traduits de l'allemand en français ou en latin. En effet, Montaigne cite Paracelse à plusieurs reprises dans ses *Essais ;* il ne peut y avoir de doutes qu'il tenait ce docteur, qui était constamment en révolte contre la médecine de son époque, en haute considération.

Paracelse, n'étant pas trop connu en pays francophones – il rédigeait ses innombrables écrits en un dialecte alémanique fastidieux à lire – exige quelques notes biographiques. Il s'appelait de son vrai nom Theophrastus Bombastus von Hohenheim. C'est avec une grande affliction qu'il ressentit le décès précoce de sa mère qui, avant son mariage, avait été domestique dans l'abbaye bénédictine d'Einsiedeln. Son père, Wilhelm von Hohenheim, qui fut également médecin, émigra par la suite d'Einsiedeln avec son fils, alors âgé de huit ans, à Villach en Carinthie. Paracelse avait ici l'occasion de voir de près la fonte des minerais et de faire des observations stratigraphiques dans les galeries des mines. Les impressions qu'il y reçut lui restèrent dans la mémoire sa vie durant. Tous ces souvenirs de sa jeunesse jouèrent plus tard un rôle lorsqu'il élabora ses théories tant médicales que chimiques et philosophiques[1].

---

1 « La vie quotidienne d'un écolier turbulent, les mines, surtout, avaient bien plus à lui apprendre. Et, en fait, le travail à la mine - il

Montaigne disposait sûrement de quelques informations - on pense à ses lectures - au sujet de l'importance que Paracelse attribuait à ses explorations souterraines. Et voici qu'au Bussang se présente pour lui une bonne occasion d'aller voir les choses de près.

Il est regrettable que Montaigne ne parle pas de l'impression qu'il avait ressentie lorsqu'il se trouvait dans les profondeurs de la montagne. Quoiqu'il en soit, toujours est-il qu'il n'appréciait guère la montagne avec sa rocaille. Le pays où il avait grandi n'offrait que rarement l'occasion de se mouvoir sur un terrain rocheux. C'est aussi la raison qui incite d'admettre que Montaigne avait des raisons impétueuses à pénétrer dans ces gisements argentifères des Vosges qui s'ouvraient devant lui. Il est difficile de s'imaginer que ce fût par curiosité de voir comment on se procurait le minéral duquel provient finalement ce précieux métal nommé « argent » qu'il s'aventura dans les entrailles de la terre. De l'argent, notre opulent descendant des Eyquem n'en manquait pas.

Le vrai motif fut plutôt d'un ordre rentrant également dans le cadre de la curiosité : voir de plus près comment ce Paracelse était parvenu dans les mines à ses idées dont beaucoup furent fort fécondes. En effet, la structure des couches sédimentaires que Paracelse avait observées dans les mines y était pour beaucoup dans l'élaboration postérieure de ses travaux si ingénieux.

---

avait successivement travaillé aux mines de Villach, et à celles des Fugger près de Schwaz - où il avait observé la 'croissance' et la 'transmutation' des métaux fut une expérience capitale qui influa sur toute son existence », W. Pagel, *Paracelse*, Introduction à la médecine philosophique de la Renaissance, traduit de l'anglais par Michel Deutsch, B. Arthaud, 1963.

Selon les renseignements du *Journal de Voyage,* Montaigne avait pris son déjeuner dans une auberge à Bussang. Suivant sa route, on lui montra, « entre autres choses », qu'il ne révèle pas, « sur des rochers inaccessibles les aires où se prennent les autours » (p. 88), des oiseaux de proie pour la chasse. Il y a lieu de s'étonner que Montaigne parle ici de « rochers inaccessibles » se trouvant à proximité. Le col de Bussang s'élève effectivement à une hauteur de 731 mètres tandis que les crêtes environnantes culminent à 900 mètres. Les rochers que notre voyageur jugent inaccessibles ne furent sûrement pas des plus terribles, car on lui fit remarquer des « aires », c'est-à-dire des espaces plutôt plats où nichaient des oiseaux. Les exagérations de Montaigne s'expliquent aisément par le fait qu'il n'était pas habitué à la montagne. Pourtant on s'étonnera que Montaigne ne dise rien au sujet des splendides vues qui se présentent du col : d'un côté une belle vallée qui s'ouvre sur la France, de l'autre un charmant vallon qui conduit dans la plaine alsacienne. Cette cécité à l'égard des beautés de la nature peut surprendre. En revanche, Montaigne nous affirme avoir vu la source de la Moselle En effet, elle sourd quelques pas au-dessous du col du côté de la Vieille France et n'est d'abord qu'un mince filet d'eau. Que Montaigne mentionne expressément la source de la Moselle est un des indices de l'intérêt qu'il portait aux paysages. C'est qu'il avait déjà rencontré la Moselle à Epinal le 15 septembre et depuis il avait suivi le cours de cette charmante rivière à travers de superbes contrées.

Montaigne passa la nuit du 28 au 29 septembre à Thann, « première ville d'Allemagne, sujette à l'empereur, très belle » (p. 88). Comme le *Journal* ne relève pas ce que Montaigne trouva digne d'être mentionné à Thann, nous passons outre, tout en remarquant que cette localité est aujourd'hui une cité fort avenante.

Continuant son chemin, Montaigne fut sûrement à son aise sur son cheval, car il se trouva sur « une belle et grande plaine » (p. 88) où il était, on s'en doute, agréable de mettre sa monture au trot. Cette plaine étant « flanquée à main gauche de coteaux pleins de vignes, les plus belles et les mieux cultivées, et en telle étendue que les Gascons qui étaient là disaient n'en avoir jamais vu tant de suite. Les vendanges se faisaient lors » (p. 88 sq.). Oui, nos voyageurs se trouvaient en Alsace, et ce n'est pas aux Bâlois qu'il faut apprendre que toute cette belle région abonde de vignes produisant un excellent vin. Mais que Montaigne note explicitement dans son *Journal* que « les vendanges se faisaient lors », est, nous semble-t-il, un signe qui prouve combien notre Châtelain s'intéressait à l'activité champêtre.

Nos touristes, ayant soupé à Thann, y passèrent probablement la nuit. Ils durent se lever de bonne heure, car ils avaient en vue de faire une longue étape d'une soixantaine de kilomètres, de Thann à Bâle.

Leur première halte fut à Mulhouse. Les voici définitivement en territoire helvétique. Ayant déjà parlé dans le *Bulletin de la Société des Amis de Montaigne* à ce sujet[1], je

1 Bernoulli, René, « Melhouse.... Une belle petite ville de Souisse, du quanton de Bâle », *Bulletin de la Société des Amis de Montaigne*, quatrième série, n° 22-23 (Juillet-Décembre 1970), p. 57-65.

me dispense de refaire ici l'histoire des relations entre Mulhouse et la Confédération. Soit simplement remarqué que ce fut le 19 janvier 1515 que le traité d'alliance perpétuelle fut conclu avec les Treize Cantons Hélvétiques ; il dura jusqu'au 3 janvier 1798, date à laquelle Mulhouse se prononça pour la réunion avec la France, sans renoncer toutefois aux bonnes relations avec la Confédération et surtout avec Bâle.

Montaigne apprécia Mulhouse, « une belle petite ville de Souisse, du canton de Bâle » (p. 89), canton signifiant ici région[1]. Il y « alla voir l'église », qu'il « trouva, comme en tout le pays en bonne forme ; car il n'y a quasi rien de changé, sauf les autels et les images qui en sont à dire sans difformités », « car ils n'y sont pas catholique » (p. 89).

Voyant l'ordre qui régnait dans les églises, Montaigne fut sûrement stupéfait, surtout lorsqu'il pensait aux ravages qui avaient été commis dans son Périgord lors des guerres de religion. Il dût se rendre compte que les différends religieux n'impliquent pas forcément ravages, dévastations, massacres et cruautés.

Au « Raisin », l'auberge où Montaigne et ses compagnons prirent le déjeuner, il eut l'occasion de s'entretenir longuement avec le patron qui venait de rentrer d'une séance du Conseil de la Ville dont il fut membre. Il était à prévoir que l'on parlerait politique. Il apprit que les problèmes de religion ne se posèrent guère à Mulhouse, et que les mariages mixtes n'y étaient pas rares. Montaigne eu « un plaisir infini

---

1 Rappelons que « canton » est un terme polysémique.

à voir la liberté et la bonne police de cette nation » (p. 89)[1] mulhousienne. Mais voici qu'en 1982, M. Raymond Oberlé, Professeur à l'Université de Haute-Alsace et Archiviste de la Ville de Mulhouse, dans une étude bien documentée[2], met en doute l'exactitude des propos du patron du Raisin qui, on a bien le droit d'y penser, avait peutêtre bu un petit verre de trop avec ses collègues après la séance du Conseil de la Ville. N'ayant pas à retracer l'histoire religieuse de Mulhouse, ne nous préoccupons pas de ces problèmes. Notre projet est de connaître de plus près le fond intime de Montaigne. Ainsi, peu importe quel fut en réalité l'état religieux de Mulhouse, l'attitude avec laquelle Montaigne réagit aux déclarations du patron du Raisin, que celles-ci correspondent intégralement ou non à la réalité, Montaigne n'en pouvait juger. Son attitude prouve qu'il ne fut pas un fanatique. Il était un fervent partisan de la paix religieuse sans sombrer dans une indifférence agnostique11. Soit encore remarqué par parenthèse que Montaigne prit part avec un grand intérêt à la discussion avec un conseiller de Mulhouse, lui qui deviendra en 1581 et en 1583 maire de cette importante ville de Bordeaux.

---

1 A l'époque où Montaigne se trouva à Mulhouse, les guerres de religion ensanglantèrent la France depuis 1572 ; il n'en vit plus leur fin en 1598. Lui-même en souffrit à l'occasion. - A consulter dans l'ouvrage cité ciaprès, Michel Hermann, « L'attitude de Montaigne envers la réforme et les Réformés dans le 'Journal de voyage' », p. 37-54.

2 Raymond Oberlé, « Montaigne à Mulhouse », p. 27-36, dans F. Moureau et R. Bernoulli, *Autour du Journal de voyage de Montaigne, 1580-1980*, Actes des Journées Montaigne, Mulhouse, Bâle, octobre 1980, GenèveParis, Editions Slatkine, 1982.

Passons brièvement à Bâle dont il fut déjà question il y a des années[1]. Posons néanmoins la question, d'où la provenance du nom de notre cité.

Remarquons en premier lieu que l'étymologie du nom de Bâle que Montaigne a emprunté à certains bâlois, ne vaut guère (cf.p. 90). Prêtons plutôt attention à une théorie assez récente établie par M. Rudolf Thurneisen[2], un expert en langue celtique. Il se peut que « Basilea » provienne du mot celtique « basios » qui signifie « verrat », le porc mâle. Bâle serait alors la « ville du porc », en notre dialecte « Saulistadt ».

Montaigne fut durant son séjour à Bâle fort occupé par son ami, le médecin Félix Platter (1536-1614), qui avait étudié la médecine à Montpellier et un peu à Paris. C'est avec lui que Montaigne alla voir le précieux squelette préparé par André Vésale, le premier anatomiste moderne, lors de son séjour à Bâle vers 1543. Ce squelette, apparemment le premier qui existe intégralement, est exposé encore aujourd'hui au Muséum de l'Institut d'Anatomie de Bâle.

Félix Platter montra de plus à son hôte au moins un de ses volumes « de simples » (p. 90) dont il possédait un certain nombre qui se trouve aujourd'hui à l'Institut Botanique de l'Université de Berne. C'est que Platter avait appris durant ses

1 Soient évoquées à titre d'exemple les communications présentées à la Journée Bâloise par André Staehelin, « Bâle et son Université à l'époque de Montaigne », Marie-Louise Portmann, « Les Amis bâlois de Montaigne » ; René Bernoulli, « Montaigne rencontre Félix Platter », publiées dans les Actes des Journées Montaigne, cf. ci-dessus.

2 A consulter H.G. Wackernagel, « Der Name 'Basel', » *Die Kunstdenkmäler des Kantons Basel-Stadt*, t. 1, Basel, Birkhäuser Verlag, 1932, p. 26.

études à Montpellier comment conserver les végétaux en les séchant puis en les collant après sur des feuillets prêts à relier.

Il faut s'étonner que le *Journal* ne mentionne pas certains monuments dignes d'être remarqués. Citons la Cathédrale, l'Hôtel de Ville, la Danse des Morts, cette riche et impressionnante peinture murale réalisée par Holbein le Jeune (1497-1543) sur les murs de l'enceinte du cimetière près de l'église des Frères Prêcheurs, la belle vue sur le Rhin qui se présente du promontoire derrière le chevet de la Cathédrale avec le panorama sur la Forêt Noire et les Voges, etc.

Il y a quelques raisons à ces manques d'attention. La Cathédrale datait de l'époque gothique tout en comportant de beaux vestiges romans ; et la Danse des Morts était plutôt de facture médiévale. Le Seigneur de Montaigne était un moderne qui n'appréciait pas trop le style gothique ; aussi écrivait-il en langue française et non en latin.

Néanmoins, Montaigne décerne un éloge aux Bâlois. Tout au début de son rapport sur Bâle on lit : « Les vins y sont fort bons » (p. 90). Laissons les détails ; remarquons tout simplement que depuis les quelques décennies que l'on cultive de nouveau du raisin dans notre région, « les vins se boivent », comme disent les vignerons.

Selon la petite remarque de Montaigne au sujet du vin de Bâle, jugeraiton correctement l'auteur des *Essais* si on ne voyait en lui qu'un bibliophile enragé, perché dans sa « librairie » en haut de la tour d'entrée du château et occupé à fouiller dans les livres ? Montaigne ne dut pas manquer d'affabilité et de sociabilité. Ne jouait-il pas avec sa femme et sa fille[1] - et son chat[2] ?

Au sujet de Montaigne et sa curiosité, il ne faut pas oublier que la médecine était une matière qui l'intéressait et le préoccupait. Il avait à ce propos des vues qui dépassaient ce que la médecine de son époque lui pouvait exposer. Tout en observant son environnement d'un œil critique, il ne faisait généralement pas grand cas des expériences qu'il avait faites, mais savait les placer au bon moment.

Ainsi à Bâle, au lieu d'aller visiter de près les bibliothèques si bien garnies déjà à cette époque, Montaigne préféra aller voir « tailler un petit enfant d'un pauvre homme pour la rupture (hernie), qui fut traité bien rudement par le chirurgien » (p. 91). Ou encore, cette autre remarque qui concerne l'hygiène hôtelière et qui nous apprend beaucoup : « Etant très malpropres au service des chambres : car bienheureux qui peut avoir un linceul blanc, et le chevet, à leur mode, n'est jamais couvert de linceul ; et n'ont guère autre couverte que d'une coite (couette), cela bien sale » (p. 93).

La place où cette critique se trouve dans le *Journal* ne permet pas d'affirmer strictement qu'elle se rapporte particulièrement à Bâle. Encore que l'on ne sait pas où notre Voyageur et sa suite logeaient dans notre ville qui, en 1501, s'était jointe à la Confédération. On raconte que Montaigne

---

1 Cf. *Essais* : « ...lors que le gaigner et le perdre contre ma femme et ma fille est indifférent » (*Essais*, I, xxiii, p. 110 sq.C, édition Villey/Saulnier ; planche 83, *Edition en fac-similé de l'Exemplaire de Bordeaux,* 1987, par R. Bernoulli).

2 « Quand je me joue à ma chate (!) » (II, xii, p. 452 C, pl. 388).

s'était logé à l'Hôtel des Trois Rois. En effet, il existe un excellent hôtel de ce nom sur la rive gauche du Rhin dans le Grand-Bâle. Datant de 1681 il avait été complètement refait au XIXe siècle. Il ne peut par conséquent pas être l'hôtel où Montaigne avait logé. Aurait-ce plutôt été l'auberge médiévale « Zur Blume » (« A la Fleur »), qui se trouvait toute proche ? Pour résoudre ces questions, il faudrait entreprendre de plus amples recherches archivistiques qui risquent d'être fastidieuses[1].

Bien que Montaigne n'ait vu « une très belle librairie (bibliothèque) public sur la rivière (le Rhin) et en très belle assiette » (p. 91) probablement que du dehors[2], il quitta Bâle déjà le 1er octobre pour se rendre aux bains de Baden[3] en empruntant la route menant par Hornussen, qui à cette époque appartenant encore à l'Autriche, ce que Montaigne ne manque pas de signaler. C'est dans ce village que la petite troupe passa la nuit. Le 2 octobre « qui était un dimanche » (p. 96), Montaigne pouvait pendant la messe donner libre cours à sa curiosité concernant la liturgie. Il y remarqua des

---

1 Je dois ces renseignements à l'ouvrage *Felix Platter, Beschreibung der Stadt Basel 1610 und Pestbericht 1610/11*, édité et commenté par Valentin Lôtscher, Basler Chroniken, t. 11, 1987, p. 260 ; en outre à des notices dans le Livre d'Or de l'actuel Hôtel des Trois Rois mis à ma disposition ce dont je remercie la Direction.

2 En effet, Montaigne n'avait guère besoin d'aller voir des livres dans une bibliothèque, lui qui pouvait prétendre : « Ma librairie, qui est des belles entre les librairies de village » (II, xvii, p. 650 A, pl. 580) ; « ayant mille volumes de livres autour de moi en ce lieu où j'écris » (III, xii, 1056 B, pl. 956).

3 Pour plus de détails, je renvoie à mon étude, « Montaigne à Hornussen », *Bulletin des Amis de Montaigne*, quatrième série, n° 16, (Octobre-Décembre 1968).

différences par rapport aux coutumes françaises. Ainsi il y avait des rangées de bancs pour s'asseoir et pour s'agenouiller. En outre, les participants tenaient depuis la consécration jusqu'à la communion les bras levés comme le fait actuellement le célébrant en récitant le Pater. Cette ancienne coutume liturgique n'était à Hornussen pas encore tombé en désuétude quoique les ouvrages de l'histoire liturgique situent sa disparition au XVe siècle.

Que l'on trouve ces circonstances banales tant que l'on voudra, Montaigne les jugea pourtant d'une importance digne d'être relevées dans son *Journal*. En effet, il s'agissait de questions qui concernent la religion, donc des problèmes anthropologiques dont il fut toujours curieux, surtout le long de son voyage à travers l'Europe.

Le projet de nos voyageurs était de se rendre à Baden où Montaigne voulait éprouver l'effet de l'eau minérale de cette station balnéaire. A cette fin, il devait franchir la chaîne du Jura par le col du Bötzberg situé à une hauteur de 570 mètres. Ce col du Jura suisse fut déjà utilisé par les Romains, ce que Montaigne ne pouvait guère savoir. Il ne parle aucunement de la vue, et pourtant celle qu'on en a du sommet est aussi belle qu'intéressante : le regard plonge dans la vallée de l'Aar, la principale rivière de la Suisse ; vis-à-vis, sur les hauteurs, on distingue la Habsburg, un des châteaux familiaux de la célèbre famille que l'on connaît. Il fut même une fois question si Rodolphe 1er de Habsbourg, le futur empereur, n'y fut pas né. Les Habsbourgs érigèrent encore d'autres châteaux forts dans la région qui sont en partie visibles du Botzberg. Montaigne ne cite aucun de ces monuments historiques, comme il ne souffle mot du panorama alpestre visible à l'horizon.

Il existe deux possibilités pour expliquer le mutisme de Montaigne. Ou bien, le guide n'aurait pas expliquer la vue, où l'Aar aurait produit trop de ce brouillard si détesté dans la région que tout eût été voilé. Alors, pauvre Michel, lui qui était si féru d'histoire. Quant aux Alpes, on n'avait pas encore découvert leur beauté en 1580. Ce ne fut qu'en 1728 que le célèbre médecin bernois Albrecht de Haller édita son ouvrage monumental *Les Alpes* (*Die Alpen*) qui fut d'une portée insoupçonnée. Ce fut par ce livre, qui décrit pour la première fois la beauté et la majesté des Alpes, que l'alpinisme s'instaura.

Et pourtant, Montaigne ne fut pas insensible à la nature. A Schaffhouse, où il passa avant de parvenir en Allemagne, il décrit un arbre ayant reçu par l'artifice du jardinier une telle forme que l'on pouvait danser ou se détendre sur ses branches. Par le *Robinson Suisse* de Jean-Rodolphe Wyss (1782-1830)[1], l'auteur de notre chant national, on sait qu'un arbre de même stature se trouvait à Zofingue. Que Montaigne relate l'arbre de Schaffhouse exemplifie son intérêt pour le jardinage, ce dont il parle aussi dans les *Essais*.

Mais ne quittons Montaigne pas trop hâtivement à Baden. En effet, il donne dans son *Journal* une description tellement détaillée de la localité que le lecteur gagne une image concrète d'une belle et réputée station balnéaire telle qu'elle

---

1 J.-R. Wyss, *Le Robinson Suisse, ou La Famille Naufragée*, nouvelle édition par Emile Mas, Paris, H. Delarue et Cie, environ 1920, p. 42.

se présentait au XVIe siècle. Quant à nous, on se bornera de ne retenir que deux exemples qui, tout en témoignant de la curiosité de Montaigne, montrent avec quelle attention il regardait les choses qu'il rencontrait, ne fût-ce qu'accidentellement.

1. Donnant une description circonstancée de l'eau minérale employée à Baden, Montaigne informe en outre ce qu'il remarqua au sujet de la qualité de l'eau dans la piscine publique: « Son usage à ceux du pays est principalement pour ce bain, dans lequel il se font corneter (appliquer la ventouse) et saigner si fort que j'ai vu les deux bains publics parfois qui semblaient être de pur sang » (p. 98). Ce rapport intéresse l'hygéniste autant que l'historien de la médecine. Ce fut dés 1492 et surtout au XVIe siècle que la syphilis éclata en Europe. Se pose une question médico-historique: l'hygiène défectueuse dans les bains publics souvent bourrés de monde, dont trop de personnes s'étaient fait poser des ventouses, aurait-elle été pour quelque chose dans la progression explosive du chancre syphilitique? Quoiqu'il en soit, Montaigne nous a beaucoup appris au sujet de l'hygiène publique.

2. Montaigne quitta Baden le 7 octobre « à sept heures du matin » (p. 103). Ayant visité la ville pendant « cinq jours avec toute la curiosité que nous pouvions », ce ne fut qu'à son départ qu'il remarqua « une pierre de la hauteur d'un homme qui semblait être la pièce de quelque pilier, sans façon ni ouvrage, plantée à un coin de maison » qui était probablement la tour d'entrée de la ville, avec »une inscription latine » mal lisible, « une simple dédicace aux

empereurs Nerva et Trajan » (p. 105). Cette stèle est exposée au Musée Nationale Suisse à Zurich.

Le petit incident au sortir de Baden incita Montaigne à quelques remarques critiques sur la nonchalance que « les gens du pays » (p. 104 sq.) exhibent au sujet de leur ignorance et indifférence à l'égard de l'histoire et de la culture de leur contrée. Ce manque d'intérêt s'observe partout, quatre siècles après que Montaigne eut rédigé son texte.

Suivons Montaigne. A « la ville de Kaiserstuhl, qui est des alliées des Suisse, et catholique »(p. 105) - une remarque de plus qui prouve l'intérêt que Montaigne témoignait à la politique - notre petite troupe passa le Rhin et le suivit jusqu'à Schaffhouse sur la rive droite, par rapport au cours du fleuve.

Avant de parvenir à Schaffhouse, notre groupe se trouva à Neuhausen, une petite localité que Montaigne ne mentionne pas, inopinément en face de la cataracte du Rhin, « le Rheinfall », une chute du fleuve par-dessus les rochers, d'une largeur de 170 mètres et haute de 24 mètres. Montaigne décrit dans son *Journal* fort bien ce spectacle vraiment impressionnant (p. 105)

Que Montaigne n'ait pas pris la route passant par Zurich, sa précaution en était la cause. On l'avait renseigné, sûrement encore à Baden, « que la peste y était » (p. 105). Cette circonspecte manière d'agir fait partie des traits typiques du caractère de Montaigne, dont on trouve maintes traces dans ses écrits.

Une fois arrivé à Schaffhouse, - ce fut, on s'en doute, en fin d'après-midi, Montaigne fut assez déçu: « nous ne vîmes rien de rare » (p. 105). Mais par quelles ruelles le guide avait-il fait passer ses clients? Schaffhouse était, et l'est encore, une belle ville dont une grande partie des maisons de maître sont richement peintes. Montaigne n'évoque qu'une citadelle en construction « qui sera assez belle » (p. 105). Oui, cette « citadelle » vaut encore aujourd'hui la peine qu'on y monte, soit pour la visiter, soit pour la vue qu'elle permet de découvrir.

Quoique Montaigne semble avoir été un peu désappointé de Schaffhouse, il rendra, encore le jour de son arrivée, visite aux « bourgmestres de la ville, qui, pour le gratifier, avec autres officiers publics, vinrent souper à notre logis, et y firent présenter du vin à M. d'Estissac et à lui » (p. 106). Nous apprenons en outre que le « principal bourgmestre était gentilhomme ». La réception de Montaigne à Schaffhouse rappelle l'accueil qu'on lui fit à Bâle (cf. p. 89 sq.).

Quant au fameux arbre dont il fut déjà question plus haut, Montaigne indique dans son récit comment s'y prendre pour cultiver un pareil (p. 106).

Montaigne et sa suite passèrent la nuit à Schaffhouse « où il y a très bon logis à la Couronne » (p. 107). Nous regrettons ici une fois de plus que Montaigne n'ait pas indiqué le nom de l'hôtel où il avait séjourné à Bâle.

Le lendemain, « samedi 8e d'octobre » (p. 107) nos Amis partirent de Schaffhouse et, côtoyant le Rhin, ils arrivèrent après avoir passé Stein, une petite ville suisse sur le Rhin, « sur les quatre heures », à Constance, une ville « appartenant à l'archiduc d'Autriche » (p. 107). Montaigne venait de quitter la Confédération Helvétique; il n'y reviendra plus jamais.

Pour conclure

On connaît le grand mot de Claude Bernard : « Le douteur est le vrai savant »[1]. En effet, le doute incite à la recherche. Un des mobiles des plus impétueux en est la curiosité, c'est-à-dire l'attention et l'intérêt que le désir de savoir a engendrés. Cette soif-là n'a rien à voir avec l'envie des cancaniers d'apprendre des ragots et de s'occuper de racontars qui ne les concernent pas.

La curiosité de Montaigne rentre dans le cadre du douteur comme Claude Bernard le définit. De fait, Montaigne, dans ses *Essais*, entreprend une vaste enquête sur l'homme : « Les autres forment l'homme ; je le récite » (III, ii, 804, pl. 724). S'il est vrai qu'il « le récite », c'est-à-dire qu'il « décrit » l'homme, il n'est pas moins vrai qu'il contribue à le « former », à l'éduquer.

Mais dès l'exorde « Au lecteur » de la première édition des *Essais* de 1580, Montaigne formule une autre intention au sujet de la matière de son livre : « Je veux qu'on m'y voie en ma façon simple, naturelle et ordinaire, sans contention et artifice : car c'est moi que je peins » (Au lecteur, 3, pl. 3). La vérité est que Montaigne ne se désistera jamais de poursuivre ses deux projets : la « peinture » du moi et d'autrui.

Le *moi* et l'*autrui* sont les deux sujets dont Montaigne fut préoccupé probablement dès son amitié avec Etienne de la Boétie. Il fut un grand expert de la nature humaine qui

---

1 Claude Bernard, *Introduction à l'Etude de la Médecine expérimentale,* Première Partie, Chapitre II, paragraphe VI, « Du doute dans le raisonnement expérimental ».

apprend au lecteur encore à notre époque, à mieux connaître l'homme avec ses joies et ses douleurs, son faire et laisser, en somme à réfléchir au sujet du prochain et surtout de la propre personne.

A cet effet, il fallut bien que Montaigne fût curieux, soit en se penchant sur un livre de sa bibliothèque, soit en observant avec circonspection les alentours. C'est précisément cette curiosité qui fait l'objet des pages cidessus. Grâce au récit de son voyage par le nord de la Suisse, une région que Montaigne ne connaissait aucunement, sa curiosité se laissait analyser objectivement; c'est qu'il ne lui fallait avoir aucun égard aux circonstances politiques ou confessionnelles ; il pouvait dire franchement sa pensée.

Remarquons à cette place que c'est avec intention que je me suis occupé dans ce petit exposé de la curiosité de Montaigne surtout de son intérêt pour des faits souvent assez insignifiants. Ce procédé permettait de mettre son esprit chercheur plus facilement en évidence qu'il eût été possible par la présentation d'aventures plus complexes.

Que les littéraires voient en Montaigne en premier lieu l'écrivain, le philosophe, le linguiste, le pédagogue, le politique, pourquoi pas. Il fut tout à la fois. Quant au-disciple d'Esculape, il admire cet auteur du XVIe siècle surtout comme anthropologue qui lui enseigne l'homme dans ses malaises et son bien-être, en somme l'être humain tel qui est.

René BERNOULLI

Bâle

MONTAIGNE RENCONTRE THEODOR ZWINGER A BALE : DEUX ESPRITS PARENTS

À suivre Montaigne dans son voyage, étape par étape, on pourrait sans doute reconstituer un trajet intellectuel des plus intéressants, souvent inattendu. On se trouverait ainsi non seulement zigzaguer sur les chemins, comme ce curieux impénitent, mais faire tout le temps le va-et-vient entre les rayons de sa bibliothèque et les voies de son itinéraire : les villes qu'il visite, les gens qu'il rencontre ou dont peut-être il poursuit le souvenir, sont autant de lieux de son paysage culturel, qu'il a parfois fréquentés dans les livres longtemps avant de se mettre sur les routes de l'Europe. Il faudrait en somme établir une carte du voyage de Montaigne à contre-jour de ses lectures – ou inversement.

Très peu de recherches ont été effectuées dans cette direction. J'ai pour ma part tenté de tracer rapidement les lignes d'un parcours et en particulier de cerner, après quelques autres, l'importance du passage de Montaigne à Bâle, entre la fin de septembre et le début d'octobre 1580[1].

---

1 Montaigne, *Journal de voyage*, éd. Fausta Garavini, Paris, Gallimard, 1983, p. 89 et suiv. et ma communication, « De l'usage de la pierre dans les affaires religieuses d'Europe », au Colloque international *Montaigne et l'histoire* (Bordeaux, 1988), actes publiés par Claude-Gilbert Dubois, Paris, Klincksieck, 1991, p. 201-209. Pour l'importance du passage de Montaigne à Bâle, voir les études d'André Staehelin, Marie-Louise Portmann et René Bernoulli dans le volume *Autour du Journal de voyage de Montaigne*, éd. François Moureau et René Bernoulli, Paris-Genève, Champion-Slatkine, 1982. Pour le rôle de Bâle comme carrefour culturel, voir le livre récent d'Alfred Berchtold, *Bâle et l'Europe*, 2 vol., Lausanne, Éditions Payot, 1990. Le plus ancien et toujours valable travail de Peter G. Bietenholz, *Basle and France in the Sixteenth Century* (Genève, Droz, 1971), est à compléter

Passage en tout état de cause significatif : dans la ville règne encore à cette date, malgré un progressif assombrissement de l'atmosphère, un climat de liberté d'opinions, de solidarité religieuse, qui donne une image opposée à celle de la rigoriste Genève. Lors de son bref séjour, Montaigne y vit « force gens de savoir, comme Grinæus, et celui qui a fait le *Theatrum*, et le dit médecin (Platerus), et François Hotman ». Or, les intellectuels avec qui il prend contact (est-il venu exprès pour eux ?) sont les héritiers spirituels de cet apôtre de la tolérance, Sébastien Castellion, auquel est consacrée dans les *Essais* (I, 35) une place remarquable. Zwinger, en particulier, est le successeur de Castellion à la chaire de grec de l'université bâloise. Mais le récit maigre et sec du *Journal* n'offre aucune prise pour déchiffrer les données de la rencontre. Le secrétaire – puisque c'est ici le « secrétaire » de Montaigne qui rédige – ne dit pas quelles furent les réactions de l'essayiste devant « celui qui a fait le Theatrum » : définition qui, effaçant le nom de l'auteur au profit du titre de l'ouvrage, signifie la célébrité de celui-ci. Montaigne en effet le possédait et l'utilisait peut-être beaucoup plus qu'on ne l'a cru, ainsi que je l'ai montré ailleurs[1]. Je voudrais dans

par les études d'Antonio Rotondò et Carlos Gilly citées plus loin. Voir aussi du même Gilly, *Spanien und der Basler Buchdruck bis 1600*, Basel/Frankfurt am Main, Verlag Helbing & Lichtenhahn, 1985. La présente communication est publiée avec l'aimable autorisation de la revue *Montaigne Studies* où elle est primitivement parue (volume V, décembre 1993, number 1-2, p. 191-207).

1 Cf. ma communication « Montaigne et le *Theatrum vitae humanae* », *Montaigne et l'Europe*, éd. Claude-Gilbert Dubois, Mont-de-Marsan, Éditions InterUniversitaires, 1992, p. 31-45, où j'ai montré les avatars de Spurina (*Essais* II, 33) : non seulement cet *exemplum*,

les pages qui suivent esquisser un portrait du philosophe bâlois et essayer de déterminer ses affinités spirituelles avec l'auteur des *Essais*.

Theodor Zwinger, beau-fils de Conrad Lycosthenes (l'auteur des *Apophtegmata*) et héritier de ses papiers, s'en servit pour compiler les deux gros volumes in folio de son *Theatrum vitae humanae* qu'il fit paraître en 1565 chez Oporino[1]. L'œuvre eut par la suite diverses éditions, successivement revues et augmentées. Avec une persévérance à toute épreuve Zwinger élargit en cercles son horizon sans que dans ses pages toujours plus nombreuses la chaleur de l'intérêt, l'inquiétude de la recherche se dessèchent en manie

mais la structure même du chapitre viennent de Zwinger, où Montaigne puise d'ailleurs aussi l'anecdote de l'empereur Maximilien (I, 3).

1 Tous les montaignistes connaissent désormais la découverte faite par Étienne Ithurria d'un exemplaire de l'édition parisienne de 1560 des *Apophtegmata*, couvert d'annotations qui pourraient bien être du futur auteur des *Essais* : voir Étienne Ithurria, « Le Lycosthènes, ou Montaigne et l'Europe », *Europe*, n° 729-730, 1990 et du même auteur, « Le Lycosthènes, un chantier européen », *Montaigne et l'Europe*, *op. cit.*, p. 251-270. Sur Lycosthènes (1518-1561), théologien, pédagogue et humaniste, voir Alfred Berchtold, *op. cit.*, où l'on peut trouver aussi quelques renseignements supplémentaires sur Zwinger. Ce dernier (1533-1588) était le fils de la sœur du grand typographe Oporino, laquelle épousa en secondes noces Conrad Lycosthenes. Il fréquenta le gymnase de Bâle sous la direction de Thomas Platter, puis l'université, mais laissa la ville pour se rendre à Lyon, où il travailla trois ans dans un atelier de typographe et par la suite à Paris, où il suivit les cours de Pierre de la Ramée. Rentré à Bâle, il en repartit aussitôt pour Padoue, achevant ses études (1553-1559) dans la célèbre université vénète, et revint dans sa patrie à vingt-six ans avec le titre de docteur en médecine et philosophie. À trente et un ans il occupa la chaire de grec qui avait été celle de Castellion, passant ensuite à celle d'éthique et enfin, en 1580, à celle de médecine théorique qu'il eut jusqu'à sa mort.

classificatoire. Le *Theatrum* voit ainsi encore le jour en 1571 (vingt volumes réunis en trois tomes, sortis à Bâle de l'atelier de Froben) et en 1586 (vingt-neuf volumes en cinq tomes, Basileæ, per Eusebium Episcopum). Paraîtra enfin posthume, en 1604 (*ibid.*, per Sebastianum Henricpetri) une version procurée par Jacob Zwinger, fils de Theodor.

Qu'on ait pu définir cet ouvrage encyclopédique comme un simple répertoire, un recueil de *leçons*, à la manière de ces collections d'exemples, apophtegmes, sentences dont se régalent les compilateurs contemporains, peut laisser stupéfait, vu l'énorme différence qui le sépare de ses prédécesseurs lointains ou immédiats. Il ne faut pas sous-estimer, certes, l'apport au *Theatrum* des mélanges de Lycosthenes, aussi bien sur le plan de la collecte des matériaux que sur celui de leur distribution. Mais dans les mains de Zwinger quelque chose change, un nouveau discours se produit, qui n'est pas seulement le fait d'une technique de composition : cloisons abattues, les appartements de la mémoire médiévale s'ouvrent sur un lacis de pistes croisées, au carrefour des connaissances scientifiques et des principaux problèmes philosophiques du temps.

Le premier à souligner l'importance de la figure du médecin de Bâle, restée pratiquement ignorée jusqu'à une époque récente, et à comprendre la haute portée, purement philosophique, de son œuvre a été Antonio Rotondò ; après lui Carlos Gilly l'a présentée de façon exhaustive et très bien analysée[1]. On peut tenter, à partir de ces études, de résumer

1 Antonio Rotondò, *Studi e ricerche di storia ereticale italiana del Cinquecento*, Torino, Giappichelli, 1974) ; Carlos Gilly, « Zwischen

l'esprit qui anime la recherche de Zwinger, visant à représenter l'admirable structure du monde en portant toute l'histoire de l'humanité sur la scène d'un théâtre imaginaire. Toutes les manifestations et activités du genre humain, identifiées, spécifiées et coordonnées, sont par Zwinger ramenées à un système rigoureux de principes et théorèmes où la praxis a le pas sur la théorie, les exemples sur les préceptes : il s'agit de déduire des exemples des normes universelles de comportement pour les mettre en ordre sur la base d'une méthode et ensuite les démontrer ou confirmer à leur tour par le moyen des faits tirés de l'histoire. On est particulièrement frappé par les tables synoptiques détaillées qui accompagnent chaque livre, illustrant la *dispositio* de la matière, c'est-à-dire la contribution personnelle du philosophe au fouillis des *exempla* colligés par Lycosthenes. En réalité, derrière les distinctions de Zwinger on retrouve (comme le déclarent d'ailleurs les pages d'introduction) le principe de classification de *l'Éthique à Nicomaque*, que l'humaniste était en train de commenter pendant qu'il avançait dans la construction du *Theatrum*, les deux œuvres étant à ses yeux strictement complémentaires[1]. D'autre part, la conception qui le soutient semble provenir en bonne partie d'Aristote (induction-déduction). Mais le modèle aristotélicien, bien que référence certaine, est revu et corrigé :

Erfahrung und Spekulation. Theodor Zwinger und die religiöse und kulturelle Krise seiner Zeit », première partie in *Basler Zeitschrift für Geschichte und Altertumskunde*, vol. 77, 1977, p. 57-137, et seconde partie, *ibid.*, vol. 79, 1979, p. 125-223. On indiquera désormais les deux parties de cette étude avec les sigles Gilly I et Gilly II.

1 Gilly II, p. 160 et suiv. Mais qu'on voie tout son travail pour la place philosophique de Zwinger ; je le cite ici seulement pour certains aspects (pour ce qui suit, voir en particulier *ibid.*, p. 150-151).

modifié essentiellement, non seulement par le contact de Zwinger avec l'aristotélisme de Padoue, mais aussi par l'exigence, que Zwinger hérite de l'enseignement de Pierre Ramus, de vérifier les présupposés aristotéliciens dans l'expérience ordinaire, et par l'importance accordée à la perception sensible. L'expérience n'est plus entendue comme énumération mécanique de cas particuliers, mais comme observation de phénomènes triés, de plus activement contrôlée par la raison et extensible à toute une série de phénomènes semblables. Ni pur empiriste ni pur rationaliste, Zwinger se réclame d'une méthode qui fond rationalisme déductif et principe empirique dans un procès organique d'acquisition de la connaissance.

Ce n'est pas ici le lieu de mettre en évidence la qualité philosophique de son travail, point de départ non avoué de François Bacon (qui en tire presque à la lettre sa classification des sciences) et qui eut comme lecteurs des hommes tels que Johann Valentin Andreæ, Comenius et plus tard Leibniz[1]. Il suffira d'avoir indiqué ce qui distingue le *Theatrum* d'œuvres en apparence voisines, pour évaluer la différence d'impact qu'une telle lecture peut avoir eue sur Montaigne. Il s'agit, on le voit, d'un fait non négligeable. En dérivent des conséquences dignes d'attention et qui appellent la réflexion. Si le *Theatrum* n'est pas de fait un pur répertoire, l'hypothèse naît que Montaigne n'y ait pas pris seulement des exemples, mais ait éventuellement puisé aux sèves plus secrètes qui circulent dans ces volumes.

1 *Ibid.*, p. 157 et suiv.

L'enquête à mener est vaste : elle touche à des problèmes divers, à des thèmes philosophiques et théologiques difficiles. On ne peut penser, en l'état actuel de la recherche, tenter une comparaison trop serrée, trompeusement exacte. Je me limiterai à énoncer quelques questions de base, quelques correspondances frappantes, à seule fin d'attirer l'attention sur un champ encore tout entier à explorer.

Les deux hommes, effectivement, semblent nés pour s'entendre et offrent à un regard posthume bien des points communs. A commencer par l'inquiétude qui les associe dans une même reprise et réélaboration de ce qui a déjà été écrit, en vue de nouvelles éditions de leur œuvre, Montaigne modifiant sans repos les *Essais* pour les adapter à l'incessant « progrez de ses humeurs » que le livre a pour fonction d'enregistrer, Zwinger modifiant le *Theatrum* à la lumière de nouvelles acquisitions, remaniant la *dispositio* suivant l'évolution de sa pensée à l'égard de la philosophie traditionnelle, passant ainsi de premières positions encore aristotéliciennes en substance à une nouvelle typologie de la connaissance. Mais si l'on se transfère du plan de la structure à celui des contenus théoriques, d'autres parentés deviennent évidentes, dont je parlerai brièvement.

Dans le domaine pédagogique, par exemple, certaines recommandations de Zwinger correspondent exactement non pas à l'éducation de modèle érasmien choisi par Pierre Eyquem pour son fils, mais à celle que Montaigne aurait voulu recevoir (les deux ne coïncident pas)[1] et qui se trouve

1 Je renvoie sur ce point à mon livre *Mostri e chimere. Montaigne, il testo, il fantasma* (chap. II, « Il libro parricida »), Bologna, Il Mulino, 1991 (édition française, Paris, Champion, 1994).

illustrée dans le célèbre chapitre *De l'institution des enfans*. « L'homme cultivé qui n'a pas voyagé est comme un pain pas assez cuit », écrivait déjà Zwinger adolescent à ses parents depuis Lyon. Plus tard dans la *Methodus apodemica*, sorte de traité à l'usage des voyageurs publié à Bâle en 1577, il soutiendra que les jeunes gens doivent voyager pour s'ouvrir le cerveau ; voyager d'une façon intelligente, non passive, en s'exerçant à observer tout ce qui est digne d'attention et en apprenant la langue du lieu. Car contrairement à Érasme et d'accord avec Montaigne, Zwinger regrette, en latin, le temps excessif accordé aux langues classiques[1]. D'une façon en rien différente l'auteur des *Essais* proclame :

> « Je voudrois premierement bien sçavoir ma langue et celle de mes voisins, où j'ay plus ordinaire commerce. C'est un bel et grand agencement sans doubte que le Grec et le Latin, mais on l'achepte trop cher (I, 26, 173 A)[2] ;

et recommande pour l'instruction de l'élève « le commerce des hommes [...] et la visite des pays estrangers », souhaitant qu'on commence

> à le promener dès sa tendre enfance, et premierement, pour faire d'une pierre deux coups, par les nations voisines où le langage est le plus esloigné du nostre, et auquel, si vous ne la formez de bon'heure, la langue ne se peut plier » (*ibid.*, 153 A).

Je me hâte de préciser que, nonobstant la compatibilité chronologique, je ne traite pas ici de sources et n'entends pas

1 *Methodus apodemica in eorum gratia, qui cum fructu in quocumque tandem genere vitæ peregrinare cupiunt a Theodoro Zvingero Basiliensi*, Basileæ, 1577 ; et cf. Alfred Berchtold, *op. cit.*, II, p. 661.

2 Mes citations des *Essais* renvoient à l'édition de Villey-Saulnier, Paris, Presses Universitaires de France, 1965.

ajouter le nom de Zwinger à ceux des pédagogues dont Montaigne se serait inspiré : de telles idées étaient, comme on dit, dans l'air. Il est pourtant intéressant de relever un tel accord d'intentions, jusque dans la prudence que, selon Zwinger, doit observer le voyageur : yeux ouverts et bouche cousue, recommande la *Methodus apodemica*, surtout en ce qui touche à la religion, sujet brûlant :

> « In aliena domo mutum et surdum esse oportet (...) multo magis in regione aliena. Observet, non reprehendat vel mores, vel (quod cum periculo etiam summo coniunctum est) religionem. Nam qui hic fraternitatis legem in religione quibusis communicanda urgent, videntur illi sane pio hoc facere zelo, sed nulla vocationis cuiusque ratione habita »[1].

Règle circonspecte, adaptée aux temps, à laquelle, autant que nous le sachions (selon le témoignage du *Journal*), Montaigne se serait conformé dans sa traversée des pays protestants ou de confession mixte, observant et interrogeant peut-être pour vérifier les possibilités d'entente et de coexistence pacifique entre catholiques et réformés, certainement sans critiquer et surtout dans les dispositions de qui veut apprendre plus qu'enseigner.

Dans la cité suisse en réalité le climat religieux est en train de changer. Mais Bâle est encore un creuset de tendances différentes, de disponibilités secrètes, de syncrétismes insaisissables. Zwinger, extraordinaire et complexe figure du monde intellectuel européen du seizième siècle, se présente comme un modéré, un esprit libéral et tolérant, prêt à aider les persécutés de toutes les églises, à dialoguer avec les

---

1 *Methodus apodemica*, p. 48, cité par Gilly II, p. 213, n. 298.

sectateurs des confessions les plus opposées[1], en outre douloureusement conscient du prix élevé qui a été payé pour la Réforme (sur laquelle il est pourtant sincèrement d'accord) : le déchirement du monde chrétien, brisé et ensanglanté par la multiplication des sectes que les politiques sans scrupules utilisent pour leurs intérêts. Ce sont des convictions partagées par tous ceux qui à ce moment-là perçoivent l'exigence radicale d'une recomposition des mouvements politiques et des orientations éthico-religieuses ; partagées en particulier par Montaigne qui dénonce à son tour l'absurdité d' »estimer ses opinions jusque là que, pour les establir, il faille renverser une paix publique » (I, 23, 120 B) et définit « fascheuse maladie » celle qui consiste à « se croire si fort, qu'on se persuade qu'il ne se puisse croire au contraire » (I, 56, 320 C).

Ces deux hommes en somme s'opposent à ceux qui se fondent sur la possession personnelle et présumée de la vérité pour se séparer de qui est jugé vivre dans l'erreur, dressant des barrières et des haies au lieu d'élaborer un projet commun. L'un et l'autre tendraient plutôt en fait, dans la situation déchirée et confuse de l'époque, à chercher les moyens d'endiguer la dispersion, de pallier la fragmentation. Zwinger, pour ce qui est de lui, se déclare sceptique sur la possibilité qu'aurait l'homme d'accéder à la clarté absolue en matière de religion. Il déteste donc tous les dogmatismes et serait d'avis de ramener le christianisme, selon la tradition

1 Antonio Rotondò, *op. cit.*, p. 286 et suiv. Pour la déploration des inconvénients de la Réforme, cf. Alfred Berchtold, *op. cit.*, II, p. 666-667.

érasmienne et dans la suite de Castellion, aux *fundamentalia fidei*, ce qui serait ouvrir la possibilité d'une confluence de tous les credos dans l'œcumène, et élargir de toutes façons les marges du salut pour accueillir le plus grand nombre possible d'âmes dans le royaume des Cieux. Il juge donc inutile de disputer de la vérité au lieu de vivre selon la vertu ; aux subtilités théologiques il convient de substituer la conduite chrétienne : « Virtus non verbis et præceptis, sed exemplis et actionibus declaratur et elucescit »[1].

A l'articulation de ces concepts sert fondamentalement le principe de la suspension de jugement, l'« epochè chrétienne » (« christiana ἐποχή », expression répandue à la fin des années soixante jusqu'à provoquer la réaction des hiérarchies ecclésiastiques bâloises, j'y reviendrai bientôt). Qu'on lise la lettre adressée par Zwinger en 1571 au théologien zurichois Johannes Wolf[2] :

> Et mihi persuadeo, in iis quæ magnis utrinque animis atque viribus nituntur opinionibus, theoria per chritianam ἐποχή in medio relicta, sic tamen ut quam cuique Dominus intelligentiæ portionem dederit, religiose amplectatur et custodiat, ad praxim, qua sola fidei arcana renidentur et illustrantur, sese conferre, non tam dubitantis esse, quam Christi genuinum characterem, in sola charitate et dilectione positum, quantum per humanam licet imbellicitatem, imitari et exprimere conantis.

---

1 Gilly I, p. 104 ; et cf. (aussi pour les lignes qui suivent) II, p. 214-216.

2 Lettre conservée au Staatsarchiv de Zurich, E II 377 (traduction en allemand in Gilly II, p. 208-209). Je remercie Carlos Gilly de m'avoir aimablement communiqué une photocopie de l'original de cette lettre, comme de celle qui sera citée plus loin, cf. n. 22.

L'auteur des *Essais* ne s'exprime pas autrement lorsqu'en manifestant une semblable aversion pour les controverses théologiques, il affirme :

> Suffit à un Chrestien croire toutes choses venir de Dieu, les recevoir avec reconnoissance de sa divine et inscrutable sapience, pourtant les prendre en bonne part, en quelque visage qu'elles luy soient envoyées (I, 32, 216 A).

Il faut – dit-il – se contenter « de la lumiere qu'il plait au Soleil nous communiquer par ses rayons » (*ibid.,* 217 A). Les forces humaines sont trop faibles pour chercher à pénétrer le mystère divin : seule la foi peut embrasser « vivement et certainement les hauts mysteres de nostre Religion » (II, 12, 441 A) ; en conséquence, parmi toutes les opinions anciennes sur ce problème, la plus vraisemblable et acceptable est celle

> « qui reconnoissoit Dieu comme une puissance incomprehensible, origine et conservatrice de toutes choses, toute bonté, toute perfection, recevant et prenant en bonne part l'honneur et la reverence que les humains luy rendoient soubs quelque visage, sous quelque nom et en quelque maniere que ce fut » (*ibid.,* 513 A).

On sait que ces convictions comportent chez Montaigne l'acceptation de la foi dans laquelle on est né et le nécessaire abandon de la recherche personnelle, non par inertie spirituelle, peur ou calcul, mais parce qu'on ne doit pas étendre la force destructrice du doute au terrain de la religion. Malgré un arrière-plan et un contexte différents, l'humaniste suisse semble se placer sur une ligne très voisine, ne serait-ce que parce qu'au fond des *Essais* comme du *Theatrum* il y a Castellion. C'est en fait sur les traces de

Castellion qu'avance Zwinger quand il lui emprunte l'exemple d'Évagre, qui, ayant dû écouter un long discours sur Dieu et la Trinité, répondit d'une phrase : « Divinitatem nequaquam definiendam esse [...] quod ineffabile est, silentii tantum oratione esse adorandum » (*Theatrum*, 1565, p. 36).

L'exemple se retrouve sous le titre *Iudicii suspensio* ἐποχή, c'est-à-dire sous le « mot sacramental » des pyrrhoniens (*Essais*, II, 12, 505 A) dont on connaît l'importance pour la pensée de Montaigne. De même pour Zwinger une suspension du jugement est une prudence dans les cas d'incertitude : « Iudicii suspensio prudens. De incertis iudicare nolle, sive in iudicio sive extra iudicium » (*Theatrum*, 1565, p. 27). Zwinger s'oppose là à toute la tradition théologique et comme je le faisais remarquer, à la hiérarchie bâloise, représentée en l'occurrence par Johann Jakob Grynæus. Celui-ci en effet, face à la mode du concept de « christiana ἐποχή » avait répliqué fermement : « Nos fidem veram, non cum Academica dubitatione καὶ τῃῇ ἐποχή sed cum vera certitudine kai; plhroforiva, coniungendam statuimus »[1]. Mais la définition de type castellionien que Zwinger donne de la foi, comme persuasion et non comme certitude, reste inaltérée de la première à la seconde et à la troisième édition du *Theatrum* : « Fides sive Religio Christiana [...] rerum invisibilium certa est persuasio (persuasionem voco : nam si scientia esset, non esset fides,

1 Johann Jakob Grynæus, *Character Christianorum seu de fidei, spei et charitatis doctrina theses*, Basileæ, 1578, p. 60, cité par Gilly II, p. 214 ; cf. aussi pour Zwinger, *ibid.*, p. 210.

sed in opus progreditur » (*ibid.*, 1565, p. 760 ; 1571, p. 1852 ; 1586, p. 2998).

On a en somme l'impression, en passant des pages des *Essais* à celles du *Theatrum* ou vice versa, d'assister à une sorte de dialogue entre deux personnalités indubitablement différentes, mais qui cultivaient un concept analogue de liberté chrétienne, en dehors de tout rigorisme, fût-il protestant ou catholique. Avec de telles prémisses, on ne s'étonne pas de la réponse donnée par l'un comme par l'autre à la censure ecclésiastique. Au censeur royal des Pays-Bas qui lui conseille d'expurger le *Theatrum* pour qu'il puisse circuler en terre catholique, Zwinger réplique, avec une fermeté polie teintée d'ironie, qu'il fera de son mieux autant que sa conscience le lui permettra ; si, malgré ses intentions, son œuvre présente un danger pour la société, on n'a qu'à la jeter à la mer... elle en reviendra peut-être comme un nouveau Jonas[1]. Quant à Montaigne, on sait quel compte il a tenu des observations des censeurs pontificaux, objectant sur certains points « que c'était [son] opinion, et que c'étaient choses qu'[il] avai[t] mises, n'estimant que ce fussent erreurs », sur d'autres « niant que le correcteur eut entendu [sa] conception »[2] et s'abstenant de toutes manières de corriger les lieux contestés.

D'une telle liberté, qui couvre pour Zwinger aussi et surtout son programme de recherche scientifique, on pourrait donner diverses preuves, encore une fois en accord avec

1 Carlos Gilly, *Spanien und der Basler Buchdruck bis 1600*, *op. cit.*, p. 428-429.

2 *Journal de voyage*, *op. cit.*, p. 222.

certaines attitudes de Montaigne. Mais pour rester dans le sujet, on relèvera leur réaction concordante devant l'appareil de miracles et prophéties qui fait cortège aux religions et en général aux manifestations réputées surnaturelles.

Qu'il soit clair d'entrée que dans la théorie de Zwinger (dont il ne faut jamais oublier qu'elle est une gigantesque tentative pour réduire la globalité des connaissances à un modèle unique), théologie et magie – une magie pieuse, traditionnellement opposée à la magie impie des esprits malins[1] – prennent place comme composantes de la métaphysique ou philosophie du sacré, c'est-à-dire de cette section de la philosophie qui traite des choses divines. En d'autres termes, révélation divine et message des intelligences astrales sont considérés comme des aspects d'une seule réalité magique. Nous sommes à l'intérieur d'une tradition où trouvent place, avec Zwinger, Pomponazzi, Paracelse, Cardano ou Giordano Bruno ; tradition à laquelle Montaigne reste en grande partie étranger, sollicité sans doute par le mystère, mais ennemi de toute tentation d'occultisme, opposé à l'astrologie et aux prophéties (cf. *Essais*, I, 11) et intolérant, comme déjà son maître Turnèbe[2] à l'égard de toute forme de pratique divinatoire. Il faut pourtant préciser : réunir religion et magie sous le concept de rang supérieur de *divinatio*

---

1 Sur le problème de la magie à la Renaissance, les travaux de D. P. Walker et de Frances A. Yates sont désormais classiques. Mais pour l'attitude de Zwinger, cf. encore l'ouvrage de Rotondò, *op. cit.*, en particulier p. 337-391 (sur son rôle auprès de l'imprimeur Pietro Perna), et Gilly II, p. 176 et suiv.

2 Voir la dédicace qui ouvre l'édition du *De oraculorum defectu* de Plutarque, Lutetiæ, 1556.

signifie dans le *Theatrum* un choix de logique et de clarté et une affirmation de liberté philosophique : « In qua (scil. Divinatione) si quid innovare videbimur, philosophica id libertate egimus. Qui meliora potest, proferat. Ego, ut veritatem summe diligo, ita confusionem detestor et abominor » (*Theatrum*, 1565, p. 105)[1]. D'autre part, comme on l'a noté, chez Zwinger aussi bien que chez Montaigne la sensibilité au prodigieux se conjugue avec le refus, de type pomponazzien, de chercher un appui et des explications du côté du surnaturel. Pour l'un comme pour l'autre est vain le recours à des interventions extraordinaires quand un événement peut trouver une explication adéquate dans les limites d'un horizon naturel. Les miracles sont ainsi l'effet des arcanes de la nature, dont les causes restent obscures pour l'homme. Qu'on se souvienne de ces passages des *Essais* où est déclaré vraisemblable « que le principal credit des miracles, des visions, des enchantemens et de tels effects extraordinaires vienne de la puissance de l'imagination agissant principalement contre les ames du vulgaire, plus molles » (I, 21, 99 A). Du reste le fait même de traiter ensemble, c'est-à-dire de mettre sur le même plan, dans le chapitre « De la force de l'imagination », les stigmates de saint François et les « nouements d'aiguillettes » (*ibid.,* 99 A), en effaçant la distinction entre mystère chrétien et superstition populaire, met dans le texte une saveur ironiquement libertine, ou du moins le tire vers des positions de scepticisme appuyé. La même attitude se manifeste dans la

1 Gilly II, p. 182 et p. 161.

conviction que « Les miracles sont selon l'ignorance en quoy nous sommes de la nature, non selon l'estre de la nature » (I, 23, 112 C) ; et si la raison enseigne que « C'est folie de rapporter le vray et le faux à nostre suffisance » (I, 27), tout le chapitre, effaçant la distinction entre « vérité » et « erreur », plaide précisément contre ceux qui prétendent tout renfermer dans les frontières de la raison, même de très hautes et subtiles questions inaccessibles aux forces limitées de l'homme. La glose ironique que Montaigne ajoute à un tout autre propos, « car je ne crois les miracles qu'en foy » (III, 5, 855), pourrait servir à définir en synthèse sa position, et celle de Zwinger, sur le problème des « accidens supernaturels et fantastiques » (III, 11, 1031 B).

À ce domaine appartiennent aussi pour Montaigne les visions des « sorcieres de [son] voisinage » (*ibid.*) qui risquent la torture et la mort chaque fois que quelqu'un s'arroge le droit de les accuser ; sur le phénomène de la sorcellerie, bien que traité indirectement, l'auteur des *Essais* a une position claire et éclairée : il n'est là question que de naturaliser le prodigieux. De façon analogue Zwinger soutient (sur les traces de Wier) que les visions des prétendues sorcières sont des fantaisies oniriques, des hallucinations de créatures à l'imagination malade, qu'il faut soigner avec des médicaments et des prières plutôt que de les envoyer au bûcher[1].

> Il me semble qu'on est pardonnable de mescroire une merveille, autant au moins qu'on peut en destourner et elider la verification par voie non merveilleuse. Et suis l'advis de sainct Augustin, qu'il vaut mieux pancher vers le

1 *Ibid.*, p. 183.

> doute que vers l'asseurance és choses de difficile preuve et dangereuse creance

lit-on dans les *Essais* (*ibid.,* 1032). De même Zwinger en des termes assez semblables, en un autre passage où il défend encore la suspension de jugement :

> 'Εποχήν Academici in disputationibus philosophicis inhibendam esse censebant, quandoquidem in utramque partem probabiliter de quavis re fere disseri posset. Sunt etiam talia quædam in vita practica usque adeo ambigua et incerta, ut in quamcumque partem te verteris, aliquid quod assensionem iudiciumque tuum impediat, reperire liceat. In quibus ἐποχήν retinere, iudiciumque suspendere prudentis, libere assentiri, stulti hominis est, et temerarii (*Theatrum*, 1565, p. 275).

Ce sont, on le voit, des échos qui résonnent fréquemment dans l'espace de la Renaissance et sur lesquels ce serait une erreur d'insister trop, mais qui témoignent aussi de façon lumineuse de la parenté intellectuelle des deux esprits, de l'accord profond de leurs points de vue sur les principales questions qui occupent la culture du temps.

Je ne sais pas si pour l'instant on peut aller plus loin. Il est facile de s'égarer dans les milliers de pages du *Theatrum*, entre les ingénieux découpages et la riche mise en exemples, sans réussir à discerner d'indubitables signes. Pourtant, plus on avance, plus se confirme le sentiment d'une substantielle harmonie d'intentions, presque d'une connivence entre ces deux penseurs pourvus de dons rares de générosité et de culture, attentifs au grand spectacle de la vie humaine sous toutes ses formes, spectacle où, pour l'un comme pour l'autre, comptent non seulement les expériences concrètes, mais aussi les fictives, c'est-à-dire les fictions poétiques, sur lesquelles, quoi qu'il en soit, peut et doit travailler la raison.

> Aussi en l'estude que je traitte de nos mœurs et mouvemens, les tesmoignages fabuleux, pourveu qu'ils soient possibles, y servent comme les vrais. Advenu ou non advenu, à Paris ou à Rome, à Jean ou à Pierre, c'est toujours un tour de l'humaine capacité, duquel je suis utilement advisé par ce recit. Je le voy et en fay mon profit egalement en umbre qu'en corps (I, 21, 105 C)

déclare Montaigne. Zwinger avait dit, dès la préface à la première édition du *Theatrum* (p. 12), qu'il était permis d'utiliser « exempla tum vera tum fabulosa ». « Nulla certe fabula est » – insiste-t-il dans l'édition de 1571 (p. 14) – « quæ non veritatis aut vestigium aut speciem quandam contineat probabilem ».

Ce point me semble fondamental. Un tel choix, ainsi proclamé au niveau théorique, confirme le principe de recherche qui guide les deux philosophes, dans le sens où l'attention aux *exempla fabulosa* va avec la défiance aiguë à l'endroit des hypothèses non rigoureusement fondées, avec le dégoût de toute doctrine arbitraire, soutenue seulement par l'autorité et qui refuse le principe méthodologique de la vérification empirique. Il sera nécessaire de dire encore quelques mots sur ce sujet, pour difficile qu'il puisse sembler de tenter de circonscrire le parallélisme de ces deux positions intellectuelles, également ouvertes et sans préjugés, au-delà de la ferme conviction qu'il faut abattre le joug de l'aristotélisme et vérifier dans la pratique les opinions du « Dieu de la science scholastique » (*Essais*, II, 12, 539 A).

Exemplum signifie, dans les passages qu'on vient de citer, « fait raconté en preuve d'argument ». Un tel sens (qui côtoie d'ailleurs, dans toute la tradition de la philosophie morale, celui de « modèle, échantillon » à imiter et éventuellement à éviter : qu'on se reporte aux occurrences ci-dessus rapportées dans une autre intention) prend une couleur spécifique à l'époque de la Renaissance, à l'intérieur du débat autour des concepts de raison et d'expérience, débat où Zwinger et Montaigne se situent clairement côte à côte. Les *exempla*, dans ce contexte, sont donc les occasions où se vérifie et diversifie l'expérience sur la base de laquelle seule peut se fonder le raisonnement. Le binôme raison + expérience doit nourrir, aux yeux de Montaigne, notre désir naturel de connaître : binôme non séparable et dont l'un ou l'autre terme prend périodiquement le dessus. En fait malgré la conscience pénétrante de nos limites (telle qu'elle s'exprime dans l'*Apologie de Raymond Sebon*), malgré l'impossibilité de rompre le cercle trompeur et vicieux du procès cognitif qui renvoie de l' »instrument judicatoire » à la « démonstration » et vice versa (II, 12, 600-601 A), malgré enfin sa critique de la prétention à réduire toute la réalité naturelle aux pouvoirs de nos seuls organes sensibles (« La premiere consideration que j'ay sur le subject des sens, c'est que je mets en doubte que l'homme soit pourveu de tous sens naturels », *ibid.,* 588 A), Montaigne est persuadé de l'inéluctable médiation des sens ; il affirme (énième replâtrage du principe gnoséologique aristotélicien : *Nihil est in intellectu quod prius non fuerit in sensu*) que « Les sens sont le commencement et la fin de l'humaine cognoissance » et que de toutes façons « par leur voye et entremise s'achemine toute nostre instruction » (*ibid.*). Si ailleurs l'expérience peut être considérée « un moyen plus foible et moins digne » que la raison (III, 13, 1065 B), plus nombreux sont les passages où au contraire l' »argument » abstrait apparaît moins probant que la « necessaire experience » (III, 6, 899 B), qui dépasse la raison en évidence et certitude. Ce que Zwinger aussi précise avec une extrême lucidité :

> Historia vero eorundem Præceptorum Exempla particularia profert, tanto efficaciora et ad movendum aptiora, quanto sensus rationem evidentia et certitudine superare videtur (*Theatrum*, 1571, p. 614).

L'une ne va sans l'autre. Mais dans cette saison de la pensée où se mêlent encore en un écheveau souvent inextricable formalisme scolastique et sciences de la nature, l'option décisive prise pour une philosophie naturelle est un élément non secondaire dans une définition de l'orientation du médecin de Bâle et du magistrat de Bordeaux. Or, si la position aristotélicienne est encore opératoire chez le Bâlois, Aristote pourtant ne fournit pas l'antinomie des préceptes et des exemples qui fonde toute la recherche de Zwinger et reparaît avec une insistance particulière sous la plume de Montaigne. Selon Zwinger donc les faits particuliers, acquis dans la pratique par les organes des sens (*exempla*) sont l'opposé et le complément des normes universelles (*præcepta*), extraites par la raison au moyen de la réflexion. En somme, à l'intérieur de la nécessité de maintenir, mais en le rénovant, le tableau aristotélicien du connaissable, l'adhésion à la réalité physique des faits apparaît comme l'alternative persuasive et concrète à l'abstraction et au verbalisme du Stagyrite. Ou mieux : aux fruits maigres de sa doctrine sclérosée. Contre tous ceux qui mettent la science aux fers de l'opinion d'Aristote, le seul recours est le renvoi à l'expérience directe.

Cette liaison *exempla-præcepta*, déjà présente dans le *Theatrum* de 1565 :

> Ut igitur in theoricis (scientiis) universalis rationis, particularia sensui subiacent ; ita quoque in practicis præcepta intellectui, exempla usui et experientiæ convenient (p. 26)

émerge d'une façon encore plus claire dans une lettre à Jakob Horst d'août 1568 :

> In omnibus artibus et scientiis, quarum finis non in sola veri cognitione sed et in boni adeptione consistit, sive practicæ sint illæ sive Mechanicæ, sive theoricæ duo consideranda sunt : Præcepta universalia, quæ Ratione per doctrinam comprehenduntur, et Exempla particularia, quæ sensu per experientiam cognoscuntur[1].

Le même genre d'antinomie apparaît dans les *Essais* : « praeceptes et parolles » se trouvent souvent opposés à « exemples et oeuvres », surtout dans le domaine pédagogique (I, 25, 142 A ; et cf. aussi I, 26, 168 A, où l'opposition entre « faits » et « parolles ») ; mais c'est pour affirmer, ici aussi, qu'il est toujours utile d'ajouter la connaissance expérimentale et pratique à la connaissance rationnelle et déductive :

---

1 Les deux passages sont confrontés par Gilly II, p. 164. La lettre, du 13 août 1568, est conservée à la Bibliothèque universitaire de Bâle, Frey-Gryn. II, 28, 128 B-C : les concepts qui y sont exposés au sujet de la médecine sont par la suite étendus par Zwinger à tous les champs du savoir.

> Aux exemples se pourront proprement assortir tous les plus profitables discours de la philosophie, à laquelle se doivent toucher les actions humaines comme à leur reigle (I, 26, 158 A).

Il est vrai qu'à l'étape du troisième livre, soit de l'édition de 1588, Montaigne se montre perplexe sur la possibilité de faire correspondre des normes fixes et immuables à l' »infinie diversité des actions humaines », – en ce que « La multiplication de nos inventions n'arrivera pas à la variation des exemples » (III, 13, 1066 B) – ; mais tout le discours porte là sur la préoccupante et nuisible prolifération des lois. Et la critique du droit et de la chicane est un autre point qui rapproche Montaigne du naturaliste bâlois, sur un ton commun d'indépendance de la recherche et de priorité reconnue à l'observation empirique. Zwinger l'affirme en toutes lettres, conjointement d'ailleurs à la nécessité didactique de coordonner préceptes et exemples. Il ne s'agit pas tant de faire en sorte que la raison soit guidée par les sens, que d'expliquer les déductions de la raison sur la base de ce que les sens perçoivent, démontrant ainsi la capacité de l'esprit à aller au-delà de l'immédiateté du donné :

> cumque nihil sit in intellectu, quin prius fuerit in sensu : vicissim quoque quæcumque sunt in intellectu, non potiori alia ratione, quam ἐπιδείξει sive historica sive empirica demonstrari possit et declarari [...] quandoquidem observatio singularium materiam suggerit præceptorum universalium constitutioni, uti vicissim præceptorum universalis cognitio singularium exemplorum inspectionem dirigit[1].

---

1 Lettre à Jakob Horst du 1er août 1575, Bibliothèque universitaire de Bâle, Frey-Gryn. II, 28, 130 B-C (cité en traduction allemande in Gilly II, p. 155-156).

Du champ gnoséologique au champ éthique, il faut que « Vivis exemplis præcepta contemplationis et actionis illustrarentur », comme le dit aussi la *Methodus apodemica*[1].

Si le *Theatrum vitæ humanæ* est un répertoire d'*exempla*, et si Montaigne a pu s'en servir essentiellement comme tel, il ne sera pourtant pas insensible au message de liberté spirituelle contenu dans les pages de cette encyclopédie.

Je referme ici le cercle. Au terme de cet excursus, il apparaîtra clair que Zwinger ne peut être compris dans la critique adressée par Montaigne à tous ces « Lettreferits » qui « cognoissent bien Galien, mais nullement le malade » (I, 25, 139 A). Au contraire, l'écrivain aurait pu constater à son propos qu' « il faict beau apprendre la theorique de ceux qui sçavent bien la practique » (II, 10, 415 A).

Malheureusement sur la rencontre des deux hommes à Bâle on ne peut faire que des conjectures. Sur l'accord de leur recherche on voudrait certainement des indices moins généraux. J'ai cherché en tout cas à ne pas céder à la tentation de recourir à d'autres suggestions pour nourrir ma maigre récolte. Il me semble que là est la direction où il faudra travailler, en recherchant surtout à travers des correspondances littérales décisives les preuves d'une utilisation directe du *Theatrum* par Montaigne : recherche difficile, je le répète. Mais même si les résultats ne semblaient pas convaincants, ce qui a déjà été dit suffira à dégager un cas de fraternité spirituelle tout compte fait singulier, et à voir dans cette rencontre un témoignage parmi tant d'autres de

1 Gilly II, p. 203.

cette large et vivante circulation des idées et des hommes en Europe, au temps des diligences et des torches à bras. Une Europe où le plus petit voyage est une aventure, et pourtant une Europe intellectuelle où les frontières des États comptent peu, tout comme les limites entre les disciplines, et que parcourent un mouvement de curiosité et d'enthousiasme, un sentiment de commune appartenance. Les questions soulevées, débattues, avancées sur la scène du *Theatrum vitæ humanæ* sont celles qui passionnent une communauté d'hommes qu'on peut dire alors véritablement européenne.

Fausta GARAVINI
Université de Florence

CONCLUSIONS

MONTAIGNE, LA SUISSE ET L'EUROPE

Après des conférences qui découvrent de nouveaux sentiers pour l'étude de Montaigne et la documentation audio-visuelle qui nous a éblouis, ma tâche dans ce colloque est bien minime : faire la conclusion des travaux, tout en insistant sur le thème « Montaigne, la Suisse et l'Europe ».

Les cinq conférences données par des montaignistes distingués ont traité cinq aspects essentiels du voyage de Montaigne à travers la Suisse. Serge Moussa ouvre ce volume en situant la représentation la Suisse dans le *Journal* à l'intérieur d'une rhétorique de l'altérité. Fausta Garavini a présenté le côté philosophique du voyage en s'appuyant sur l'importance de la philosophie bâloise et son influence sur la philosophie européenne. Olivier Pot a parlé d'un Montaigne vagabond, qui voyage près de l'eau, cette eau capricieuse qui incarne la joie de vivre. Gilles Polizzi a révélé les mécanismes de la description et a valorisé le discours descriptif du *Journal de voyage*. René Bernoulli a suivi pas à pas Montaigne à travers la Suisse et a noté ce qui intéresse le philosophe.

La partie iconographique et musicale, qui a dominé le Colloque, est en même temps un voyage européen et un voyage dans la Renaissance. L'audio-visuel a pu réunir le présent et le passé ainsi que l'Europe géographique et historique. Nous voyons les lieux vus par Montaigne, qui sont à la fois les mêmes et transformés par le temps : le passage du temps est un aspect important de l'image, qui acquiert ainsi une force synthétique.

L'Europe – la critique l'a déjà signalé – est mentionnée seulement une fois dans les *Essais*, dans le chapitre « Des cannibales », et même alors d'une façon presque neutre : les rois d'Atlantide, dit Montaigne, « ne possedoient pas seulement cette isle, mais s'estoyent estendus dans la terre ferme si avant qu'ils tenoyent de la largeur d'Afrique jusques en Egypte, et de la longueur de l'Europe jusques en la Toscane ». Ce colloque a montré que l'Europe reste néanmoins le *locus* de prédilection, où Montaigne voyage, comme le veut le mot latin, dans l'espace et dans le temps, et que le non-dit est souvent plus présent que les mots énoncés.

La conscience européenne dans les *Essais* et le *Journal de voyage* est un objet d'étude assez récent. Ces recherches sont inaugurées par une communication que Claude Blum fait au colloque de l'Ecole Normale Supérieure de jeunes filles, en septembre 1980, où il étudie l'Europe chez Montaigne, surtout du point de vue de la religion chrétienne. La dimension européenne de l'œuvre de Montaigne devient par la suite l'objet de plusieurs études, ainsi que le thème du colloque de Bordeaux en 1992.

La critique a également signalé que Montaigne aurait préféré voyager en Grèce qu'en Italie, évidemment pour éviter la mode et la foule. On cite le *Journal* (« Rome où les autres visaient, il la désirait d'autant moins voir que les autres lieux », *Journal de voyage*, édition de Fausta Garavini, p. 154) et les *Essais* (« De la vanité »), où le goût du vagabondage caractérise autant le moi homme que le moi scripteur. Pourtant la phrase même utilisée par le secrétaire pour exprimer cette préférence évoque une conscience européenne :

> Je crois à la vérité que, s'il eût été seul avec les siens, il fût allé plutôt à Cracovie ou vers la Grèce par terre, que de prendre le tour vers l'Italie (*Journal*, p. 153).

La ville de Cracovie et l'expression « *vers* la Grèce » mettent en évidence le fait qu'il ne s'agit pas d'un voyage dans les profondeurs de l'histoire, mais d'un voyage dans le présent : dans la vie sociale et la culture. S'il s'agissait d'un voyage dans le passé, Montaigne aurait écrit son *Journal* aussi en latin. Mais il n'écrit qu'en français et en italien, langues du présent et du futur, ce qui ne peut pas être sans importance. L'Europe, comme unité et comme notion, n'est pas mentionnée, qu'importe ; elle est évoquée grâce à la préposition *vers* et la place géographique de la Grèce. Montaigne veut voir l'Europe dans toute sa diversité et d'un bout à l'autre. En plus, il aurait aimé faire ce voyage *par terre*, il aurait donc aimé parcourir le sol de cette Europe qu'on dit absente des *Essais*. Ce choix de mots devient, je crois, très important si nous tenons compte des remarques sur la fonction de l'eau dans le *Journal de voyage* faites par Olivier Pot : voyage archétypal et voyage initiatique se rejoignent et réconcilient l'homme qui voyage et le terrain qui est traversé.

A la question que nous nous posons aujourd'hui – comment former une Europe unie sans détruire les caractéristiques précieuses de chaque nation ? – Montaigne répondrait d'une manière toute naturelle, car non seulement il accepte la pluralité des usages, mais il goûte cette pluralité, il s'en délecte. Il respecte la diversité aussi bien des mœurs que des langues : en Italie il écrit en italien.

> M. de Montaigne, pour essayer tout à fait la diversité des mœurs et façons, se laissait partout servir à la mode de chaque pays, quelque difficulté qu'il y trouvât (*Journal*, p. 101),

dit le secrétaire. Et Montaigne commence sa narration avec la phrase « Ici on parle français », lorsqu'il change de pays et de langue.

Pendant qu'il voyage il est soigneux de ne pas attirer l'attention par une action ou une attitude différente, car il aime « se conforme[r] et se range[r] aux modes du lieu où il se trouve » (*Journal*, p. 128). Il devient ainsi l'Autre qu'il veut connaître, arrivant à la connaissance de l'Autre par la métamorphose du moi, miracle que seul un philosophe peut accomplir. Dans le *Journal* comme dans les *Essais*, notre voyageur fait preuve d'une ouverture inattendue vers le Divers, refusant de former son jugement autrement que par l'expérience personnelle :

> M. de Montaigne disait qu'il s'était toute sa vie méfié du jugement d'autrui sur le discours des commodités des pays étrangers, chacun ne sachant goûter que selon l'ordonnance de sa coutume et de l'usage de son village (*Journal*, p. 145).

Vous me permettrez d'attribuer à sa culture antique cette ouverture d'esprit, en vous rappelant que *barbare* signifie chez Homère « celui qui ne parle pas grec » (*Iliade*, II, 867) et chez Eschyle « non-grec » (*Perses*, 187, où c'est Atossa, la reine perse qui parle), l'Autre donc, et pas, comme plus tard, par extension, « inférieur ». Remarquons que, pour Montaigne, l'Autre positif est le non-Français, son semblable étant l'Autre négatif, qui l'empêche de bien connaître le monde.

Pour maintenir son indépendance et former librement son opinion, il se promène seul (*Journal*, p. 127) dans les villes qu'il visite. Sa quête de l'inconnu ne lui permet pas de repasser les mêmes chemins (*Journal*, p. 134), « n'ayant nul projet que de se promener par des lieux inconnus » (*Journal*, p. 154).

La présence de trop de Français crée, selon Montaigne, un obstacle au but d'un voyage que l'on pourrait sans peine qualifier de philosophique : acquérir une connaisance réelle des coutumes étrangères (*Journal*, p. 160). C'est que nos propres habitudes deviennent un écran qui nous empêche de communiquer directement avec l'Autre.

Voyageur philosophe, voyageur Protée, Montaigne s'identifie aux habitants des pays qu'il visite. Son intérêt pour les mœurs et usages d'autres pays, pour les religions autres que la sienne est évident dans son admiration sans bornes pour la Suisse, par exemple lorsque le secrétaire dit :

> M. de Montaigne y [à Mulhouse] alla voir l'église ; car ils n'y sont pas catholiques. [...] Il prit un plaisir infini à voir la liberté et bonne police de cette nation (*Journal*, p. 89).

Olivier Pot a attribué la fascination de Montaigne pour la Suisse au manque de rigidité de ce pays, acceptant l'opinion de Meunier de Querlon (« Discours préliminaire », *Journal*, pp. 57-58) et de Montaigne lui-même, qui qualifie la Suisse, dans « De la force de l'imagination », de nation peu vaine et peu mensongère.

Montaigne admire également la beauté du pays : beauté des paysages, des maisons, des églises, des fontaines. Mais surtout il admire l'attitude des Suisses à l'égard de la religion des Autres. Quand il critique la Suisse, comme l'a expliqué Gilles Polizzi, c'est à l'aide du discours rapporté : c'est toujours quelqu'un d'autre qui se plaint. Par ce moyen il se tient à l'écart des critiques, tout en gardant son objectivité.

Fausta Garavini a parlé de la culture bâloise, telle qu'elle se fait sentir dans le *Journal de voyage*. En effet, Montaigne loue hautement Bâle. Le scribe, le scripteur nous fait part de l'étymologie du nom :

> Basilée s'appelle, non du nom grec, mais parce que *base* signifie *passage* en allemand. (*Journal*, p. 90)

N'ayant pas lu le *Journal de voyage*, les Grecs appellent Bâle, Βασιλεία, c'est-à-dire royaume, règne, royauté. Et puisque nous sommes dans le domaine des fausses étymologies, le nom grec peut venir soit de l'adjectif βασίλεια, royale, soit du substantif βασίλεια, palais royal. Dans les deux cas, la langue grecque situe « Basilée » dans le monde des archétypes. Olivier Pot, utilisant la « vraie » étymologie, a insisté sur la valeur initiatique du voyage à Bâle. Et René Bernoulli a proposé sa propre étymologie avec beaucoup d'humour.

J'ai hésité tout à l'heure entre *scribe* et *scripteur*. Il y a dans le *Journal de voyage* un jeu entre l'écrivain et le scripteur, au sens qu'a ce mot au début de notre siècle, *scripteur* étant celui qui écrit, qui copie, un scribe donc. Mais il y a aussi un jeu entre le scribe et le scripteur, au sens que donne à ce mot la théorie littéraire de nos jours. Le scripteur est ici incarné par deux personnes ; c'est un actant fait de deux acteurs : les deux voix de la partie audio-visuelle de ce colloque. Grâce aux deux voix, nous suivons le regard du secrétaire qui passe à travers le regard de Montaigne, regard très dynamique, qui accomplit la métamorphose du scribe en scripteur. La musique qui accompagne l'image renforce, comme l'a suggéré Claude Blum dans son discours d'ouverture, le retour à la Renaissance et contribue à la création du sens.

Les questions posées dans ce colloque assurent les montaignistes que si, comme Homère, Montaigne a tout dit, sur lui tout n'est pas dit et le lecteur suffisant ne vient jamais trop tard.

Zoé SAMARAS
Université Aristote

ÉLÉMENTS DE BIBLIOGRAPHIE

par

Philippe Derendinger

I. LES ÉDITIONS DU *JOURNAL DE VOYAGE*

Extrait des voyages de Montaigne, fait en juin 1771 par M. (le chanoine GuillaumeVivien) Leydet à Chancellade. B. N., ms., Périgord 106, folios, 50-72.

La copie Leydet du Journal de voyage, présentée et annotée par François Moureau, in *Autour du journal de voyage de Montaigne, 1580-1980.* Actes des journées de Mulhouse et de Bâle, oct. 1980, recueillis par François Moureau et René Bernoulli, Genève, Paris, Slatkine, 1982, pp. 107-185.

M. DE QUERLON, *Journal de voyage de Michel de Montaigne en Italie, par la Suisse et l'Allemagne en 1580 et 1581 avec des notes. par M. de Querlon.* Rome, se trouve à Paris, chez Le Jay, librairie, rue SaintJacques, au « Grand-Corneille », 1774.

– Edition A : en 1 vol., in-4°, grand papier, édition de luxe de LIV-416 p., 1774.

– Edition B : en 3 vol., in-12, petit papier, t. 1 (CXXXVI-214 p.) ; t. 2 (323 p.) ; t. 3 (461 p.), 1774.

– Edition C : en 2 vol, in-12, grand papier, t. 1 (CV111-324 p.) ; t. 2 (601 P.), 1774.

– Edition D : en 2 vol., in-12, grand papier, 1774 (ne donne pas la partie du texte rédigée en italien).

M. DE QUERLON, *Journal de vovage de Michel de Montaigne en Italie. par la Suisse et l'Allemagne en 1580 et 1581*,édition en 3 vol., in-12, petit papier, t. 1 (XCII-252 p.) ; t. 2 (225 p.) ; t. 3 (248 p.), 1775.

HENDEL (J. C.), *Michel von Montaigne. Reisen durch die Schweiz. Deutschland und Italien. in den Jahren 1580 und 1581, aus dem Franzosischen mit Zusatzen,* 2 vol., in-8°, Halle, J. C. Hendel, 1777-1779.

Michel Montaigne's Reise durch die Schweiz. im Jahre 1580, in *Helvetischer Almanach fur das Jahr 1800,* Zurich, Orell Fussli & Co., 1800, pp. 47-82.

HAZLITT (W.), *The Complete Works of Michel de Montaigne, comprising : the Essays (translated by Cotton) ; the Letters ; the Journey into Germany and Italy ; now first translated ; a life by the editor ; notes, from all the commentators ; the critical opinions of eminent authors on Montaigne ; the eloges of MM. Jay and Villemin ; a bibliographical notice of all editions and copious indexes, by William Hazlitt, London,* J. Templeman, in-8°, XCI-660, 1842 (2ème éd. 1845).

D'ANCONA (A.), *L'Italia alla fine del secolo XVI. Giornale del viaggio di Michele de Montaine in Italia nel 1580 e 1581, Nuova edizione del testo francese ed italiano, con note ed un saggio di bibliografia dei viaggi in Italia (Journal de voyage de Michel de Montaigne en Italie, par la Suisse et l'Allemagne en 1580 et 1581, nouvelle édition avec des notes par le Prof. Alexandre D'Ancona),* in-8°, XV-719 p., Città di Castello, s. Lapi, 1889.

LAUTREY (L.), *Journal de vovage~ publié avec une introduction, des notes (...) et la traduction du texte en italien de Montaigne,* in-16, 535 p., Paris, Hachette, 1906 (2ème éd., 536 p., 1909).

FLAKE (O.), WEIGAND (W.), *Reisetagebuch,* in *Michel de Montaignes Gesammelte Schriften, historisch-kritische Ausgabe,* t. 7, Munich et Leipzig, Georg Müller, 1908.

MEYER (J.), *Aus Michel Montaignes Reise durch die Schweiz. Süddeutschland und Italien. Von Basel nach Lindau,* Separatdruck aus den Schriften des Vereins für Geschichte des Bodensees, Heft XXXIX, Frauenfeld, 1910.

ARMAINGAUD (A.), *Journal de voyage en Italie,* in *Œuvres complètes de Michel de Montaigne,* t. VII/VIII, 1928-1929, in-16, Paris, L. Conard, 1924- 1942.

D'ESPEZEL (P.), *Journal de voyage de Michel Seigneur de Montaigne,* Paris, La Cité des Livres, 1931.

PILON (E.), *Michel de Montaigne. Journal de voyage en Italie par la Suisse et l'Allemagne,* Paris, 1932.

RAT (M.), Montaigne, *Journal de voyage en Italie par la Suisse et l'Allemagne en 1580 et 1581,* Paris, garnier, 1942 (et réimpressions).

DEDEYAN (Ch.), *Journal de voyage en Italie par la Suisse et l'Allemagne,* in-8°, Paris, Les Belles Lettres, 1946.

FAURE (P.), *Montaigne. Journal de vovage en Italie par la Suisse et l'Allemagne,* Paris, Bordas, 1948.

DE SACY (S. S.), *Journal de voyage de Michel de Montaigne en Italie par la Suisse et l'Allemagne en 1580 et 1581.* Paris, Edition « Portiques », 1954.

CAMESASCA (E.), *Michel de Montaigne. Giornale di viaggio in Italia,* Milan, Rizzoli, 1956.

FRAIGNEAU (A.), *Michel de Montaigne. Journal de vovage,* Paris, Le livre Club du libraire, 1957.

CENTO (A.), *Montaigne. Viaggio in Italia,* prefazione di Guido Piovene, Florence, Parenti, 1958. – Réimpression : Bari, Laterza, 1972 et 1991.

THIBAUDET (A.), RAT (M.), *Journal de voyage en Italie par la Suisse et l'Allemagne en 1580 et 1581,* in *Œuvres complètes de Montaigne,* Bibl. de la Pléïade, 1962.

BARRAL (R.), MICHEL (P.), *Journal de vovage en Italie par la Suisse et l'Allemagne en 1580 et 1581,* in *Montaigne, Œuvres complètes,* Paris, Seuil, « L'Intégrale », 1967.

MICHEL (P.), *Montaigne Journal de voyage en Italie,* Paris, « Le livre de poche », 1974.

FRAME (D. M.), *Montaigne Travel Journal,* Foreword by Guy Davenport, san Francisco, North Point Press, 1983.

GARAVINI (F.), *Montaigne. Journal de voyage.* Gallimard, 1983.

CASALS PONS (J.), *Diario de viaje a Italia. por Suiza y Alemania,* Barcelona, 1986.

RIGOLOT (F.), *Journal de vovage de Michel de Montaigne,* Paris, PUF, 1992.

II. PRINCIPAUX OUTILS BIBLIOGRAPHIQUES

ATKINSON (G.), *La littérature géographique de la Renaissance.* Répertoire bibliographique, Paris, Picard, 1927.

Bollettino del Centro Interuniversitario di Ricerche sul « Viaggio in Italia » (CIRVI), Turin (depuis 1980).

BONNET (P.), *Bibliographie méthodique et analytique des ouvrages et documents relatifs à Montaigne* (jusqu'à

1975), (en particulier le chap. « Le *Journal de voyage en Italie* », pp. 238-244), Genève, Paris, Slatkine, 1983.

CLIVE (H. P.), *Bibliographie annotée des ouvrages relatifs à Montaigne publiés entre 1976 et 1985,* Paris, Librairie Honoré Champion, 1990.

D'ANCONA (A.), « Saggio di una bibliografia ragionata dei viaggi e delle descrizioni d'Italia... », in *L'Italia alla fine del secolo XVI. Giornale del viaggio di Michele de Montaigne in Italia nel 1580 e 1581,* Città di Castello, S. Lapi, 1889, pp. 565-702.

PESCARZOLI (A.), *I libri di viaggio e le guide della raccolta Luigi Vittorio Fossati Bellani,* Rome, Ed. di Storia e Letteratura, 1957, 3 vol.

Reiseliteratur und Geografica in der Eutiner Landesbibliothek, éd. par W. Griep und S. Luber, Heide, Verlag Boyens & Co., 1990.

SCHUDT (L.), *Italienreisen im 17. und 18. Jahrhundert,* Vienne, Munich, Schroll-Verlag, 1959.

SENELIER (J.), *Voyageurs français en Italie du Moyen Age à nos jours,* premier essai de bibliographie, Turin, Centre interuniversitaire de recherches sur le voyage en Italie (coll. dir. par E. Kanceff), 1984.

III. CHOIX DE TRAVAUX CRITIQUES

Autour du « Journal de voyage » de Montaigne (1580-1980) publié par François Moureau et René Bernoulli. Actes des journées de Montaigne de Mulhouse et de Bâle, 1980, avant-propos de Robert Aulotte, Genève, Slatkine, 1982.

BARRERE (J.), « A propos d'un épisode du voyage de Montaigne : le souper à Bâle avec François Hotman », in *Rev. hist. de Bordeaux,* XXIII, 1930, pp. 145-152.

BATISSE (F.), *Montaigne et la médecine,* Paris, Les Belles-Lettres, 1962.

BECK (Ch.), « Le voyage de Montaigne et l'évolution du sentiment du paysage, essai de psychologie sociale », in *Mercure de France,* t. XCVIII, 16 juillet, 1912, pp. 298-317.

BERNOULLI (R.), – « *Melhouse (...) Une belle petite ville de Souisse, du quanton de Bale »,* note de lecture du Journal de Montaigne », in *B. S. A. M.,* 4e sér., Paris, 1950, pp. 22-33.

– *Montaigne à Hornussen,* tirage à part, à cent exemplaires du *Bulletin des Amis de Montaigne,* quatrième série, n°. 16 (Octobre-Décembre 1968), Poitiers, S. F. I. L. et Impr. Marc Texier réunies, 1968. - Repris dans : *B. S. A. M.,* 4e sér., n°. 16, 1968, pp. 2-14.

– « Montaigne rencontre F. Platter », Colloque international *Autour du Journal de voyage de Montaigne, 1580-1980.* Actes des journées de mulhouse et de Bâle, oct. 1980, recueillis par François Moureau et René Bernoulli, Genève, Paris, Slatkine, 1981.

BIDEAUX (M.), « La description dans le *Journal de voyage* de Montaigne », in *Etudes seizièmistes offertes à M. le Prof : V. -L. Saulnier,* préface de Robert Aulotte, Genève, Droz, 1980.

BLUM (Cl.), « Des *Essais* au *Journal de voyage.* Espace humain et conscience européenne à la fin du XVIe siècle », in *La conscience européenne au XVe et au XVIe siècle,* Actes du colloque du 30 septembre au 3 octobre 1980, Paris, Ecole normale suporieure de jeunes filles, 1982, pp. 23-34.

– « Montaigne, écrivain du voyage. Notes sur l'imaginaire du voyage à la Renaissance », in *Autour du « Journal cle voyage » de Montaigne, 1580-1980.* Actes des journées de Mulhouse et de Bâle, oct. 1980, recueillis par françois Moureau et René Bernoulli, Genève, Paris, Slatkine, 1982, pp. 3-11.

BOCCASSINI (D.), « Montaigne e Lelio Giraldi, tra Ferrara e Basilea », in *Montaigne e l'ltalia,* Atti del congresso internazionale di Studi di MilanoLecco, 26-30 octobre 1988, Genève, Slatkine, Bibliothèque du voyage en Italie, 38, 1991, pp. 545-571.

BOCCAZZI (G.), « La curiosité du voyageur au XVIe siècle ou l'art d'apprendre et de se parfaire par les voyages (Rabelais, Montaigne, marquis d'Alincourt) », in *La curiosité à la Renaissance,* Actes réunis par Jean Céard *et al.,* Paris, Soc. d'édition d'enseignement supérieur, 1986, PP. 49-62.

BONNAFFE (E.), « Montaigne. Journal de son voyage en Italie », in *Voyages et voyageurs de la Renaissance,* Paris, Leroux, 1895, pp. 105-115. –Réimpr. : Genève, Slatkine Reprints, 1970.

BONNEFON (P.), « La bibliothèque de Montaigne », in *Revue d'histoire littéraire de la France, II,* 1895, pp. 313-371.

BOUCHER (J.), « Voyages et cures thermales dans la haute société française à la fin du XVIe et au début du XVIIe siècle », in *Villes d'eaux, histoire du thermalisme,* Actes du 117e congrès national des sociétés savantes, Clermont- Ferrand, octobre 1992, Editions du Comité des travaux historiques et scientifiques, Colloques du CTHS, 10, Paris, 1994, pp. 41-53

BRONNE (C.), « Tourisme en 1581. Le douloureux voyage de Michel de Montaigne », in *Revue générale,* CXVII, 6/7, juin-juillet, 1981, pp. 37-42.

BRUSH (C. B.), « La composition de la première partie du *Journal de voyage* and the *Essais »,* in *Revue d'histoire littéraire de la France,* 71, 3, mai-juin, 1971, pp. 369-384.

– « The Essayist is Learned : Montaigne's *Journal de voyage* and the *Essais »,* in *Romanic Review,* LXII, 1971, pp. 16-27.

BUFFUM (I.), *L'influence du voyage de Montaigne sur les « Essais,* Princeton, thèse Princeton, Princeton Univ. Press, 1946.

CAPITANI (P. de), « Montaigne e la pietà religiosa degli Italiani : spunto per una riflessione sulla religione nel *Journal de voyage* e negli *Essais »,* in *Montaigne e l'Italia,* Atti del congresso internazionale di Studi di Milano-Lecco, 26-30 octobre 1988, Genève, Slatkine, Bibliothèque du voyage en Italie, 38, 1991, pp. 419-434.

CARRON (J.-Cl.), « Montaigne ondoyant et le « catholique » en voyage », in *Echos de Saint-Maurice* (Suisse), III, 1973, pp. 129-136.

– « Lecture du *Journal de voyage* de Montaigne. L'errance thérapeutique de l'essayiste », in *Montaigne et les Essais, infra,* p. 271-278.

CORDIE (C.), « Note al *Journal de voyage* del Montaigne », in *Letterature moderne,* IV, 1953.

CREYX (M.), « Montaigne malade, médecin, hydrologue », in *Montaigne, Conférences,* 1933, pp. 183-211.

DEDEYAN (Ch.), *Essai sur le « Journal de voyage » de Montaigne,* Paris, Boivin, 1946.

– « La religion dans le « Journal de voyage » de Montaigne », in *Montaigne e l'Italia,* Atti del congresso internazionale di Studi di Milano-Lecco, 26-30 octobre 1988, Genève, Slatkine, Bibliothèque du voyage en Italie, 38, 1991, pp. 391-418.

DELVAILLE (B.), « L'art du voyage », in *Magazine Littéraire,* 303, oct. 1992, pp. 48-51.

DUPUY (A.), « En marge des voyages de Montaigne, Chateaubriand et de Maupassant, ou quand les domestiques deviennent 'secrétaires' : –'Monsieur de Montaigne disait... »', in *Presse méd.,* 2 février 1957, pp. 213214.

Estrée (P. d'), « L'esprit français en voyage. – Montaigne », in *Journal des voyages,* 2e sér., t. X, 15 septembre, 1901, pp. 251-254.

Etudes montaignistes en hommage à Pierre Michel, par le concours de Claude Blum et de François Moureau, Genève, Paris, Slatkine, 1984.

FLANDRIN (J. -L), « La diversité des goûts et des pratiques alimentaires en Europe du XVIe au XVIIIe siècle, in *Revue d'histoire moderne et contemporaine,* XXX, Paris, 1983.

FRANCON (M.), « Corrections et précisions sur le *Journal de voyage* de Montaigne », in *B. S. A. M.,* Poitiers, 5e série, 14-15, avril-septembre, 1975, p. 113.

– « Sur les éditions du *Journal de voyage* de Michel de Montaigne en Italie par la Suisse et l'Allemagne en 1580 et 1581 », in *B.S.A.M.,* 6e sér., 9-10, janvier-juin, 1982, pp. 89-90.

GARAVINI (F.), « Montaigne e il suo biografo : doppia esposizione », in *Scritti in onore di Giovanni Macchia,* t. 1, pp. 100-113, Milan, Mondadori, 1983. – Reproduit dans : *Itinerari a Montaigne,* Florence, Sansoni, 1983, pp. 101-118.

– « De l'usage de la pierre dans les affaires religieuses d'Europe », Colloque international *Montaigne et l'histoire* (Bordeaux 1988). Actes publiés par Claude-Gilbert Dubois, Paris, Klincksieck, 1991, p. 201-209.

– « Au 'sujet' de Montaigne : de la leçon à l'écriture du moi », in *Carrefour Montaigne, Quaderni del seminario di filologia francese,* 2, Pisa, Edizioni Ets., / Genève, Slatkine, 1994.

– « Montaigne et le *Theatrum Vitae Humanae »,* Colloque international *Montaigne et l'Europe* (Bordeaux 1992). Actes réunis et présenés par Claude-Gilbert Dubois, Mont-de-Marsan, 1992.

– « Montaigne rencontre à Bâle Theodor Zwinger : deux esprits parents », à paraître dans *Montaigne Studies.*

GOUEDO-THOMAS (C.), « Le thermalisme médiéval, de Flamenca à Michel de Montaigne, récits et images », in *Villes d'eaux, histoire du thermalisme,* Actes du 117e congrès national des sociétés savantes, Clermont-Ferrand, octobre 1992, Editions du Comité des travaux historiques et scientifiques, Colloques du CTHS, 10, Paris, 1994, pp. 1126.

HEATH (M.), « Montaigne and Travel », in *Montaigne and his age,* Exeter, Univers. of Exeter, 1981, pp. 131-135.

HELME (F.), « Le V. E. M., voyage de Montaigne aux eaux minérales d'Allemagne, de France et d'Italie », in

Revue moderne de médecine et de chirurgie, II, n°. 10, pp. 813-828 ; n°. 11, pp. 851-864 ; n°. 12, pp. 891907, 1904.

HERMANN (M.), « L'attitude de Montaigne envers la Réforme et les réformés dans les *Essais* de 1580 et le *Journal de voyage,* in *Montaigne et les Essais, 1580-1980.* Actes du Congrès de Bordeaux (juin 1980) présentés par Pierre Michel et rassemblés par François Moureau, Robert Granderoute, Claude Blum, préface de Jacques Chaban-Delmas, Paris, Genève, Champion-Slatkine, 1983, pp. 352-367.

ITHURRIA (E.), « Le Lycosthènes, ou Montaigne et l'Europe », in *Europe,* 729-730 (janvier-février 1990)

JAMES (C.), « Montaigne. Ses peregrinations à quelques eaux minérales », in *Gaz. méd. de Paris,* XXIX, 3e sér., t. XIV, 1859, pp. 345-352 ; 373-388 et 437-446. – Tiré à part sous le tire : *Montaigne, ses voyages aux eaux minérales en 1580 et 1581,* Paris, impr. E. Thunot, s. d. (1859).

KOHN (I.), « Le grand voyage de Montaigne (juin 1580-novembre 1581) », in *B. S. A. M.,* 5e sér., 9, janvier-mars, 1974, Poitiers, pp. 67-80.

LAURENS (P.), « Monsieur de Montaigne disait que... (bathnologies) », in *Rhétorique de Montaigne,* numéro spécial du *B. S. A. M.,* 7e sér., 1-2, juillet-décembre, 1985, pp. 73-84.

Le paysage à la Renaissance, études réunies et publiées par Yves Giraud, Ed. univ. Fribourg, 1988.

LESTRINGANT (F.), « Montaigne topographe et la description de l'Italie », in *Montaigne e l'Italia,* Atti del congresso internazionale di Studi di Milano-Lecco, 26-30 octobre 1988, Genève, Slatkine, Bibliothèque du voyage en Italie, 38, 1991, pp. 623-642.

LEVY (M.), « Montaigne en Suisse », in *Europe,* L, 1972, nos. 513-514, pp. 160-161.

MAJER (I. S.), *The Notion of Singularity. The Travel Journals of Montaigne and Jean de Léry,* thèse, The John Hopkins University, 1983 (Diss. Abstracts, XLIII (82/83) 3332 A-3333 A).

« Montaigne à Bâle », in *R. H. L. F.,* I, 1894, p. 232.

MASORANO (M.), « Paesaggi interiori nel *Journal de voyage »,* in *Montaigne e l'Italia,* Atti del congresso internazionale di Studi di MilanoLecco, 26-30 octobre 1988, Genève, Slatkine, Bibliothèque du voyage en Italie, 38, 1991, pp. 491-501.

MICHEL (P.), « Le Journal de Voyage, « arrière-boutique » des Essais », in *B. S. A. M.,* 3e sér., 13, janvier-mars, 1960, pp. 14-21.

« Montaignes Schweizerreise 1580 », in *Atlanti**,* II, 1930, pp. 241-244.

MOUREAU (F.), « Le manuscrit du *Journal de voyage.* Découverte, édition et copies, in *Montaigne et les Essais, 1580-1980,* actes du Congrès de Bordeaux (juin 1980) présentés par Pierre Michel et rassemblés par François Moureau, Robert Granderoute, Claude Blum, préface de Jacques Chaban-Delmas, Paris, Genève, Champion-Slatkine, 1983, pp. 289-299.

– « a copie Leydet du *Journal de voyage,* in *Autour du « Journal de voyage » de Montaigne (1580-1980),* publié par François Moureau et René Bernoulli. Actes des journées de Mulhouse et de Bâle, oct. 1980, Genève, Paris, Slatkine, 1982, pp. 107-185.

MURRAY (J.), « The significance of Montaigne's *Journal de voyage* in relation to his *Essays,* in *Modern language review,* XXIX, 1934, pp. 291296.

NAKAM (G.), « *Voyage..., Passage...,* chez Montaigne », in *R. H. R.,* XI, 21, déc. 1985, pp. 15-22.

– « *Voyage..., Passage...,* formes et significations du transitoire et de la transition chez Du Bellay et chez Montaigne » in *Passage du temps, ordre de la transition,* études réunies par Jean Bessière, Paris, PUF, 1985, pp. 97-109.

NEGRIER (P.), *Les bains à travers les âges,* Paris, 1925.

OBERLE (R.), « Montaigne à Mulhouse », in : Colloque international *Autour du Journal de voyage de Montaigne, 1580-1980.* Actes des journées de Mulhouse et de Bâle, oct. 1980, recueillis par François Moureau et René Bernoulli, Genève, Paris, Slatkine, 1982.

– *La vie quotidienne en Alsace au moyen-Âge et à la Renaissance,* Strasbourg, 1983.

PERTILE (L.), « Il problema della religione nel *Journal de voyage* di Montaigne », in *B. H. R,* 33, 1971, pp. 79-100.

PORTMANN (L.), « Les amis bâlois de Montaigne », in *Autour du « Journal de voyage » de Montaigne (1580-1980).* Actes des journées de Mulhouse et de Bâle, oct. 1980, recueillis par François Moureau et René Bernoulli, Genève, Paris, Slatkine, 1981.

RIEU (A. M.), « Montaigne : physiologie de la mémoire et du langage dans le *Journal de voyage en Italie* », in *Autour du « Journal de voyage » de Montaigne (1580-1980).* Actes des journées de Mulhouse et de Bâle, oct. 1980, recueillis par François Moureau et René Bernoulli, Genève, Paris, Slatkine, 1981.

SACY (S. S. de), « Montaigne voyage », in *Mercure de France,* t. CCCXX, 1er février, 1954, pp. 271-291.

SAINT-PHALLE (F.), *Montaigne malade,* thèse, Fac. de Médecine, Univers de Bordeaux-II, 1981.

SAYCE (R. A.), « Cancels in Montaigne's *Journal de voyage,* 1774 », in *Australian Journal of FrenchStudies,* VII, 1970, pp. 264-270.

– « The Visual arts in Montaigne's *Journal de voyage* », in *« O un amy ! », Essays on Montaigne in honor of Donald M. Frame,* éd by Raymond La Charité, Lexington, Kentucky, French Forum, 1977, pp. 219-241.

SONNEVILLE (H.), « La retraite dévote dans le *Journal* de Montaigne », in *Mélanges à la mémoire de Franco Simone. France et ltalie dans la culture européenne,* I : *Moyen Age et Renaissance,* Genève, Slatkine, 1980, pp. 503-512.

SPAETH (R.), « Montaigne partit en vacances en 1580 et vint à Mulhouse en passant par Plombières », in *La Lorraine illustrée,* 1957, 16, pp. 6 et 23.

STAEHELIN (A.), « Bâle et son université à l'époque de Montaigne », in *Autour du « Journal de voyage » de Montaigne (1580-1980).* Actes des journées de Mulhouse et de Bâle, oct. 1980, recueillis par François Moureau et René Bernoulli, Genève, Paris, Slatkine, 1982.

TETEL (M.), « Le *Journal de voyage en Italie* et les *Essais* : étude d'intertextualité », in *Textes et intertextes : Etudes sur le XVIe siècle pour Alfred Glauser,* Ed. F. Gray et M. Tetel, Paris, Nizet, 1979, p. 173-191.

– « *Journal* et *Essais,* l'assiette du voyage », in *Mélanges à la mémoire de Franco Simone. France et Italie dans la culture européenne,* I : *Moyen Age et Renaissance,* Genève, Slatkine, 1980, pp. 513-529.

– « A travers les inventions dans le *Journal de voyage en Italie* », in *L'invention au XVIe siècle,* Textes recueillis et présentés par ClaudeGilbert Dubois, Presses Universitaires de Bordeaux, 1987, pp. 185-195.

VAN DEN ABBEELE (G. Y. -F.), *The Economy of Travel in french Philosophical Literature : Montaigne, Descartes, Montesquieu, Rousseau,* thèse, Cornell University, 1981 (Diss. Abstr., XLII, 81/82, 3626 A).

Voyager à la Renaissance, actes du Colloque de Tours (1983), sous la dir. de Jean Céard et Jean-Claude Margolin, Paris, Maisonneuve et Larose, 1987.

WINTER (1.), *Concordances to Montaigne's « Journal de Voyage » en Italie, Lettres and Ephemerides,* Madison, Wisconsin, The Hispanic seminary of medieval Studies, Ltd., 1981, microfiches.

IV. BIBLIOGRAPHIE GÉOGRAPHIQUE : LA SUISSE (CHRONOLOGIE DU *JOURNAL*)

1.) La Suisse au XVIe siècle

MUNSTER, Sébastien, *Cosmographie Universelle,* Bâle, 1566.

SIMLER, Josias, *La République des Suisses,* trad. en français par Innocent Gentillet, Bâle, 1577.

STUMPF, Johann, *Gemeiner loblicher Eydgenoschafft Stetten, Landen und Chronick wirdiger thaaten beschreybung (...),* Zurich, Froschauer, 1548.

BERGIER (J. -F.), *Histoire économique de la Suisse,* Lausanne, Payot, 1984.

KORNER (M.), « Glaubensspaltung und Wirtschaftssolidaritat », in *Geschichte der Schweiz und der Schweizer* (3 vol.), tome 2, pp. 7-96, Bâle, Helbing und Lichtenhahn, 1982.

PEYER (H. C.), *Verfassungsgeschichte der alten Schweiz,* Zurich, 1978.

PFISTER (R.), « Von der Reformation bis zum Villmergerkrieg », *Kirchengeschichte der Schweiz,* t. 2, Zurich, 1973.

VOGLER (B.), *Le monde germanique et hélvétique à l'époque des réformes : 1517-1618 : histoire générale,* Paris, Soc. d'Edition d'Enseignement supérieur, 1981, 2 vol.

2.) Articles relatifs à Montaigne en Suisse

BERNOULLI (R.), – « Melho*use (...) Une belle petite ville de Souisse, du quanton de Bale »,* note de lecture du Journal de Montaigne », in *B. S. A. M.,* 4e sér., Paris, 1950, pp. 22-33.

– *Montaigne à Hornussen,* tirage à part, à cent exemplaires du *Bulletin des Amis de Montaigne,* quatrième série, n. 16 (Octobre-Décembre 1968), Poitiers, S. F. I. L. et Impr. Marc Texier réunies, 1968. - Repris dans : *B. S. A. M.,* 4e sér., n°. 16, 1968, pp. 2-14.

GARAVINI (F.), « De l'usage de la pierre dans les affaires religieuses d'Europe » (en particulier pp. 205-208), Colloque international *Montaigne et l'histoire* (Bordeaux 1988), actes publiés par Claude-Gilbert Dubois, Paris, Klincksieck, 1991, p. 201-209.

– « Montaigne et le *Theatrum Vitae Humanae* », Colloque international *Montaigne et l'Europe* (Bordeaux 1992), actes réunis et présentés par Claude-Gilbert Dubois, Mont-de-Marsan, 1992.

– « Au 'sujet' de Montaigne : de la leçon à l'écriture du moi » (en particulier pp. 68-81), in *Carrefour Montaigne, Quaderni del seminario di filologia francese,* 2, Edizioni Ets, Pisa, Slatkine, Genève, 1994.

– « Montaigne rencontre à Bâle Theodor Zwinger : deux esprits parents », à paraître dans *Montaigne Studies.*

ITHURRIA (E.), « Le Lycosthènes, ou Montaigne et l'Europe », in *Europe,* 729-730 (janvier-février), 1990.

– « Montaigne, serait-il l'annotateur du Lycosthènes ? », in *Littératures,* 19, automne, 1988 ; et *R. H. R.*, 27, décembre, 1988.

LEVY (M.), « Montaigne en Suisse », in *Europe,* L, 1972, n°s. 513-514, pp. 160-161.

« Montaigne à Bâle », in *R. H. L. F.*, I, 1894, p. 232.

« Montaignes Schweizerreise », in *Atlantis,* II, 1930, pp. 241-244.

OBERLE (R.), « Montaigne à Mulhouse », in : *Autour du « Journal de voyage » de Montaigne (1580-1980).* Actes des journées de Mulhouse et de Bâle, oct. 1980, recueillis par

François Moureau et René Bernoulli, Genève, Paris, Slatkine, 1982.

PORTMANN (L.), « Les amis bâlois de Montaigne », in *Autour du « Journal de voyage » de Montaigne (1580-1980).* Actes des journées de Mulhouse et de Bâle, oct. 1980, recueillis par François Moureau et René Bernoulli, Genève, Paris, Slatkine, 1982.

SPAETH (R.), « Montaigne partit en vacances en 1580 et vint à Mulhouse en passant par Plombières », in *La Lorraine illustrée,* 1957, 16, pp. 6 et 23.

STAEHELIN (A.), « Bâle et son Université à l'époque de Montaigne », in *Autour du « Journal de voyage » de Montaigne (1580-1980).* Actes des journées de Mulhouse et de Bâle, oct. 1980, recueillis par François Moureau et René Bernoulli, Genève, Paris, Slatkine, 1982.

3.) Parcours de Montaigne en Suisse

Mulhouse

BERNOULLI (R.), – « Melhouse *(…) Une belle petite ville de Souisse, du quanton de Bale »,* note de lecture du Journal de Montaigne », in *B. S. A. M.,* 4e sér., Paris, 1950, pp. 22-33.

FEBVRE (L.), et al., *L'Alsace et la Suisse à travers les siècles,* Strasbourg, Soc. savante d'Alsace et des régions de l'Est, 1952.

OBERLE (R.), « Montaigne à Mulhouse », in : Colloque international *Autour du Journal de voyage* (Mulhouse et Bâle, 1980), Actes recueillis par François Moureau et René Bernoulli, Genève, Paris, Slatkine, 1982.

– *La vie quotidienne en Alsace au moyen-Âge et à la Renaissance,* Strasbourg, 1983.

SPAETH (R.), « Montaigne partit en vacances en 1580 et vint à Mulhouse en passant par Plombières », in La *Lorraine illustrée,* 1957, 16, pp. 6 et 23.

Bâle

a.) Documents de l'époque

WURSTISEN (CH.), *Basler Chronick...,* Bâle 1580, Henricpetri. – Reprint Slatkine, Genève, 1978.

b.) L'Histoire et les Arts

ALIOTH (M.), BARTH (U.), HUBER (D.), *Basler Stadtgeschichte 2. Vom Brückenschlag 1225 bis zur Gegenwart,* Bâle, Reinhardt, 1981.

BURCKHARDT, (P.), *Geschichte der Stadt Basel von der Zeit der Reformation bis zur Gegenwart,* Bâle, 1942.

GUGGISBERG (H. R.), *Basel in the sixteenth century. aspects of the City Republic before, during, and after the Reformation,* St. Louis, Missouri, Center for Reformation Research, 1982.

MAURER-KUHN (F.), *Kunstfuhrer Kanton Basel-Stadt,* Wabern, Büchler, 1980

ROSEN (J.), *Chronik von Basel. Hauptdaten der Geschichte,* Bâle, 1971.

TEUTEBERG (R.), *Basler Geschichte,* Bâle, Chr. Merian, 1986

WACKERNAGEL (R.), *Humanismus und Reformation in Basel,* T. 3 de : *Geschichte der Stadt Basel,* Bâle, Helbing und Lichtenhahn, T. I : 1907, 2 : 1911, T. 3 : 1924.

c.) La vie culturelle

BERCHTOLD (A.), *Bâle et l'Europe. Une histoire culturelle,* Lausanne, Payot, 1990, 2 tomes.

BIETENHOLZ (P. G.), *Basle and France in the Sixteenth Century,* Genève, Droz, 1971.

– « Le cœur contre l'esprit. Comparaison entre les exilés français et italiens à Bâle pendant la deuxième moitié du XVIe siècle », in *Actes du Colloque « L'Amiral de Coligny et son temps »* (Paris, 1972), Paris, Soc. de l'hist. du prot. français, 1974.

BONJOUR (E.), *Die Universitat Basels von den Anfangen bis zur Gegenwart, 1460-1960,* Bâle, Helbing & Lichtenhahn, 1960

CANTIMORI (D.), *Italienische Haretiker der Spatrenaissance,* (trad. Kagi), Bâle, Schwabe, 1949 (éd. orig. Florence, Sansoni, 1939).

– *Italiani a Basilea e a Zurigo nel Cinquecento,* Rome, Ed. Cremontese, 1947, Bellinzona, Istit. ed. ticinese (Quaderni italo-svizzeri, 8).

GARAVINI (F.), « De l'usage de la pierre dans les affaires religieuses d'Europe » (en particulier pp. 205-208), Colloque international *Montaigne et l'histoire* (Bordeaux 1988), actes publiés par Claude-Gilbert Dubois, Paris, Klincksieck, 1991, p. 201-209.

– « Au 'sujet' de Montaigne : de la leçon à l'écriture du moi » (en particulier pp. 68-81), in *Carrefour Montaigne, Quaderni del seminario di filologia francese,* 2, Edizioni Ets, Pisa, Slatkine, Genève, 1994.

GILLY (C.), *Spanien und der Basler Buchdruck bis 1600,* Basel/Frankfurt am Main, Verlag Helbing und Lichtenhahn, 1985.

« Montaigne à Bâle », in *R. H. L. F.*, I, 1894, p. 232.

PORTMANN (L.), « Les amis bâlois de Montaigne », in *Autour du « Journal de voyage »* de Montaigne (1580-1980). Actes des journées de Mulhouse et de Bâle, oct. 1980, recueillis par François Moureau et René Bernoulli, Genève, Paris, Slatkine, 1982.

ROTONDO (A.), *Studi e ricerche di storia ereticale italiana del Cinquecento,* Turin, Giappichelli, 1974 (en particulier la septième étude, « Pietro Perna e la vita culturale e religiosa di Basilea fra il 1570 e il 1580 », pp. 273-391).

STAEHELIN (A.) éd., *Professoren der Univ. Basel aus 5 Jhten. Bildnisse und Wurdigungen,* Bâle, Reinhardt, 1960, p. 32.

– « Bâle et son Université à l'époque de Montaigne », in *Autour du « Journal de voyage » de Montaigne (1580-1980).* Actes des journées de Mulhouse et de Bâle, oct. 1980, recueillis par François Moureau et René Bernoulli, Genève, Paris, Slatkine, 1982.

VETTER (V.), « Baslerische Italienreisen vom ausgehenden Mittelalter bis in das 17. Jht. », in *Basler Beitrage zur Geschichtswissenschaft,* 44, Bâle, Helbing & Lichtenhahn, 1952, pp. 99-114.

d.) Personnages du XVIe siècle bâlois

François Hotman

BARRÈRE (J.), « A propos d'un épisode du voyage de Montaigne : le souper à Bâle avec François Hotman », in *Rev. hist. de Bordeaux,* XXIII, 1930, pp. 145-152.

BLOCAILLE (E.), *Etude sur Francois Hotman. La Franco-Gallia,* Dijon, 1902. – Reprint Slatkine, Genève, 1970.

BOURGEAUD (CH.), *Histoire de l'Université de Genève. L'Académie de Calvin, 1559-1798,* Genève, Georg, 1900, pp. 123-132, 287-289.

DARESTE (R.), *Essai sur François Hotman,* Paris, 1850.

EHRINGER (L.), « François Hotman, ein franzosischer Gelehrter, Staatsmann und Publicist des 16. Jhts. », in *Beitrage zur vaterland. Geschichte,* t. 14, Bâle 1891.

KELLEY (D. R.), *François Hotman, a revolutionary ordeal,* Princeton, Pr. Univ. Press, 1973.

MESNARD, (P.), *L'essor de la philosophie politique au XVIIe siècle,* Paris, Vrin, 1977, pp. 327-336.

PANNIER (J.), « Hotman en Suisse, 1547-1590 », in *Zwingliana,* 7, Zurich, 1 940.

SAINT-CHAMARAN (A. -H.), « Un juriste huguenot engagé : François Hotman », in *Actes du Colloque L'Amiral de Coligny et son temps* (Paris, oct. 1972), Paris, Soc. de l'hist. du prot. français, 1974, pp. 85-96.

SECRET (F.), « Littérature et alchimie », in *B. H. R.,* 40, Genève, Droz, 1978, pp. 311-312.

– « Un document oublié sur François Hotman et l'alchimie », in *B. H. R,* 42, Genève, Droz, 1980, pp. 435-446.

Le Lycosthènes (Conrad Wolfhart)

ITHURRIA (E.), « Le Lycosthènes, ou Montaigne et l'Europe », in *Europe,* 729-730 (janvier-février), 1990.

– « Montaigne, serait-il l'annotateur du Lycosthènes ? », in *Littératures,* 19, automne, 1988 ; et *R. H. R.,* 27, décembre, 1988.

Félix Platter

BERNOULLI (R.), « Montaigne rencontre F. Platter », in *Autour du « Journal de voyage » de Montaigne (1580-1980).* Actes des journées de Mulhouse et de Bâle, oct. 1980, recueillis par François Moureau et René Bernoulli, Genève, Paris, Slatkine, 1982.

ERNST (F.), « Die beiden Platter » (1927), in : Id., *Essais,* Zurich, Fretz u. Wasmuth, 1946, t. 2, pp. 35-63.

HUNZIKER (R.), *Felix Platter als Arzt und Stadtarzt in Basel,* Thèse Bâle, Zurich, Leemann, 1939.

K ARCHER (J.), *Felix Platter. Lebenshild des Basler Stadtarztes,* Bâle, Helbing & Lichtenhahn, 1949.

LANDOLT (E.), « Materialien zu Felix Platter als Sammler und Kunstfreund », in *Basler Zeitschrift fur Geschichte und A Itertumskunde,* 72, 1972, pp. 245-306.

LÔTSCHER (V.), « Felix Platter und seine Familie », in *Basler Neujahrsblatt,* 153, Bâle, GGG, 1975.

Théodor Zwinger

GARAVINI (F.), « Montaigne et le *Theatrum Vitae Humanae* », Colloque international *Montaigne et l'Europe* (Bordeaux 1992), actes réunis et présenés par Claude-Gilbert Dubois, Mont-de-Marsan, 1992.

– « Montaigne rencontre à Bâle Theodor Zwinger : deux esprits parents », à paraître dans *Montaigne Studies.*

GILLY (C.), « Zwischen Erfahrung und Spekulation. Theodor Zwinger und die religiose und kulturelle Krise seiner Zeit », preière partie in *Basler Zeitschrift für Geschichte und Altertumskunde,* 77 (1977), pp. 57-137.

HERZOG (J. W.), *Athenae rauricae sive catalogus professorum academiae basiliensis...,* Bâle, serini, 1778.

KARCHER (J.), *Theodor Zwinger und seine Zeitgenossen. Episode aus dem Ringen der Basler Arzte um die Grundlehren der Medizin im Zeitalter des Barocks,* Bâle, Helbing & Lichtenhahn, 1956.

PORTMANN (M.-L.), « Theodor Zwinger und sein *Theatrum humanae vitae* von 1565 », in *Basler Nachrichten,* 10. sept. 1965.

– « Theodor Zwingers Briefwechsel mit Joh. Runge. Ein Beitrag zur Geschichte der Alchimie im Basel des 16. Jhdts », *Gesnerus,* 26, 1969, pp. 154-163.

– « Paracelsus im Urteil von Theodor Zwinger », in *Nova acta paracelsica,* nouv. Sér. 2, Einsiedeln, 1987, pp. 15-32.

THORNDIKE (L.), A *history of magic and experimental science,* 2e éd., T. 5 et 6 : *The sixteenth century,* New York, Columbia Univ. Press, 1951.

e.) Urbanisme et architecture (observations de Montaigne)

Le « pont de bois »

MEIER (E. A.), « 750 Jahre Mittlere Rheinbrücke », in *Basler Stadtbuch,* Bâle, Helbing und Lichtenhahn 1960-1973 ; dès 1973 : Chr. Merian Stiftung.

MOSIMANN (W.), WALTHER (P.), GRAF (E.), *Die Basler Rheinbrücken. Ihre Geschichte und Bauweise,* Bale, Verl. Schiffahrt u. Weltverkehr, 1962.

SCHAFER (G.), BAER (CH.), « Die Rheinbrucke zu Basel », in *Die Kunstdenkmaler des Kanons Basel-Stadt,* T. 1-5, Bâle, Birkhauser, 19321966.

La cathédrale

HEMAN (P.), et al., *Das Basler Münster,* Bâle, 1982

PFENDSACK (W.), *Lehendige Steine. Skulpturen und Fresken am Basler Münster,* Bâle, 1986.

REINHARDT (H.), *Das Basler Münster,* Bâle, 1939.

« *L'église des Chartreux* »

GERZ VON BUREN (V.), « Die Klöster im mittelalterlichen Basel », in *Basler Stadtbuch,* Bâle, Helbing & Lichtenhahn, 1968.

– *La tradition de l'œuvre de Jean de Gerson chez les chartreux. La chartreuse de Bâle,* Paris, CNRS, 1973.

PFISTER (R.), *Kirchengeschichte der Schweiz,* t. 1 : *Von den Anfangen bis zum Ausgang des Mittelalters,* Zurich, Zwingli-Verlag, 1964, pp. 235312.

Die Kunstdenkmaler des Kantons Basel-Stadt, t. 4-5, Bâle, Birkhauser, 1932-1966.

Hornussen

a.) *Hornussen au XVIe siècle*

AMMANN (H.), SENTI (A.), « Die Bezirke Brugg, Rheinfelden, Laufenburg und Zurzach », in *Heimatgeschichte und Wirtschatt,* V, Zurich, Aarau, 1948, pp. 101-103.

ANSELMETTI (R.), « Hornussen aus kunstgeschichtlicher Sicht », in *Hornussen. Geschichte eines Fricktaler Dorfes, op. cit.*, pp. 151-160.

BERNOULLI (R.), *Montaigne à Hornussen,* tirage à part, à cent exemplaires du *Bulletin des Amis de Montaigne,* quatrième série, n. 16 (Octobre-Décembre 1968), Poitiers, S. F. I. L. et Impr. Marc Texier réunies, 1968. - Repris dans : *B. S. A. M.*, 4e sér., n°. 16, 1968, pp. 2-14.

Essais sur la Campagne à la Renaissance, mythes et réalités, Actes du Colloque de la Société Française des Seizièmistes publiés avec la collaboration du Centre d'histoire sociale et culturelle de l'Occident de l'Université Paris X, (11-12 décembre 1987), textes réunis par Gabriel-André Pérouse et Hugues Neveux, Paris, 1991.

HEIZ (A.), SCHILD (U.), ZTMMERMANN (B.), *Fricktal. Bezirk Laufenburg,* Aarau, 1984.

Hornussen. Geschichte eines Fricktaler Dorfes, éd. par la Commune de Hornussen, Laufenburg, 1991.

JEGGE (E.), *Die Geschichte des Fricktals bis 1803,* Laufenburg, 1943.

KURMANN (F.), « Hornussen unter dem Stift Sackingen », in *Sornussen. Geschichte eines Fricktaler Dorfes, op. cit.*, pp. 35-127.

LAUR-BELART (R.), « Zwei alte Strassen über den Bozberg », in *Ur-Schweiz,* XXXII, 2/3, 1968, pp. 42 ss.

LÜTHI (A.), « Strassen und Verkehr im Wandel der Zeit », in *Hornussen. Geschichte eines Fricktaler Dorfes, op. cit.*, pp. 129-149.

REBER (W.), *Zur Verkehrsgeographie und Geschichte der Passe im ostlichen Jura,* Liestal, 1970, p. 21 ss.

WEHRLI (K.), « Die Wirtshauser », in *Hornussen. Geschichte eines Fricktaler Dorfès, op. cit.*, pp. 189-195

b.) *L'église et la liturgie à Hornussen*

BARTH (M.), « Die Haltung beim Gebet in elsassischen Dominikanerklostern des 15. und 16. Jahrhunderts, in *Archiv für elsassische* Kirchengeschichte, 13, 1938, p. 141 passim.

JUNGMANN (A.), *Missarum Sollemnia,* 2e édition, Vienne, Herder, 1949, 2 volumes.

MITTLER (O.), *Katholische Kirchen des Bistums Basel,* t. 5, *(Kanton Aargau),* Olten, 1937, p. 81.

NUSCHELER (A.), « Die Aargauischen Gotteshauser in den ehemaligen Dekanaten Frickgau und Sisgau, Bistum Basel », in *Argovia. Jahresschrift der historischen Gesellschatt des Kantons Aargau,* XXIII, Aarau, 1892, pp. 180 ss.

Brugg

a.) *Brugg au XVIe siècle*

BANHOLZER (M.), « Geschichte der Stadt Brugg im 15. und 16. Jahrhundert, Gestalt und Wandlung einer schweizerischen Kleinstadt », in *Argovia,* 73, Aarau, 1961.

MAURER (E.), STETTLER (M.), « Die Bezirke Lenzburg und Brugg », in *Die Kunstdenkmaler des Kantons Aargau,* t. II de : *Die Kunstdenkmaler der Schweiz,* Bâle, Birkhauser, 1953.

b.) *L'abbaye de Konigsfelden*

AMMANN (H.), *Das Kloster Konigsfelden,* Aarau, 1953.

BECK (M.), FELDER (P.), MAURER (E.), SCHWARZ (D.), *Konigsfelden :* Geschichte – Bauten – Glasgemalde – Kunstschatze, Olten, Freiburg i. Br., Walter-Verlag, 1970

BONER (G.), « Die Gründung des Klosters Konigsfelden », in *Zeitschrift für Schweiz. Kirchengesch.,* 47, 1953, pp. 1-24, 82-112, 181-215.

LIEBENAU (TH. von), LUBKE (W.), « Das Kloster Konigsfelden », in *Denkmaler des Hauses Habsburg in der Schweiz,* III, Zurich, 1867-1871.

LUTHI (A.), *Wirtschafts- und Verfassungsgeschichte des Klosters Königsfelden,* thèse, Zurich, 1947.

MAURER (E.), « Das Kloster Königsfelden », in *Die Kunstdenkmaler der Schweiz,* t. 3 : *Die Kunsdenkmaler des Kantons Aargau,* Bâle, Birkhauser, 1954.

– « Kloster Königsfelden », in *Schweizerische Kunsttuhrer,* sér. 40, n°. 398, Berne, 1962.

– « Königsfelden. Meisterwerk zyklischer Komposition », in *Unsere Kunstd enkmaler,* 20, Berne, 1969.

MERZ (W.), *Führer durch die KlosterkErche von Königsfelden,* Aarau, 1945.

SIMONETT (C.), « Königsfelden, Geschichte und Baugeschichte. Die Glasgemalde », in *Brugger Neujahrsblatter,* 1948, Brugg, 1948, pp. 53-64.

STETTLER (M.), *Königsfelden, Farbenfenster des XIV. Jahrhunderts,* Laupen-Berne, 1949

Baden

a.) *Baden au XVIe siècle*

CORYATE (TH.), *Crudities. Hastely gobled up in Jive Moneths travells in France, Savoy, Italy, Rhetia, commonly called the Grisons country, Helvetia alis Switzerland, some parts of high Germany and the Netherlands, 1608,* 2 vol., Glasgow, 1905, p. 136.

PANTALEON (H.), *Wahrhaftige und fleissige Beschreibung der uralten Stadt und Grafschaft Baden,* Bâle, 1578.

THOU (J. -A. de), *Mémoires de J. -A. de Thou (1579),* éd. Michaud-Poujoulat, Paris, 1838 (cf. en particulier pp. 291 et 294).

WALDHEIM (H.), « Reisebuch 1574 », in *Anthologia ex Thermis Badensibus, op. cit. infra*, p. 15.

FRICKER (B.), *Geschichte der Stadt und Bader zu Baden,* Aarau, 1880.

HOEGGER (P.), « Der Bezirk Baden », in *Die Kunstdenkmaler des Kantons Aargau,* 1, Bâle, Birkhauser, 1976.

MITTLER (O.), *Geschichte der Stadt Baden,* Aarau, 1965.

MUNZEL (U.), « Baden in der Landschaft », in *Neujahrsblatt der Apotheke Dr. U. Münzel in Baden, für das Jahr 1951,* Baden 1951.

b.) *Les bains de Baden et l'activité balnéaire*

Badener Theaterstätten, Baden, 1962.

BOLT (TH.), MUNZEL (U.), « Der Baderbezirk von Baden und Ennetbaden », in *Schweizerische Kunstführer,* sér. 40, n°. 399/400, Berne, 1986.

BOUCHER (J.), « Voyages et cures thermales dans la haute société française à la fin du XVIe et au début du XVIIe siècle », in *Villes d'eaux, histoire du thermalisme,* Actes du 117e congrès national des sociétés savantes, Clermont-Ferrand, octobre 1992, Editions du Comité des travaux historiques et scientifiques, Colloques du CTHS, 10, Paris, 1994, pp. 41-53

CARRON (J.-Cl.), « Lecture du *Journal de voyage* de Montaigne. L'errance thérapeutique de l'essayiste, in *Colloque Bordeaux* 1, pp. 271-278.

DIEBOLD (C.), *Der Kurort Baden in der Schweiz,* Winterthur, 1861.

DOPPLER (H.), « Der römische Vicus Aquae Helveticae Baden », in *Archaologische Führer der Schweiz,* 8, Baden, 1976.

DORER (F. S.), *Wirkungen des natürlich warmen Mineral-Bades zu Baden im Kanton Aargau,* Baden, 1806.

FRICKER (B.), *Geschichte der Stadt und Bader zu Baden,* Aarau, 1880.

– *Anthologia ex Thermis Badensibus,* Aarau, 1883.

GESSNER (C.), « De balneis omnia quae exstant (...), Venise, 1553 », in : *Fricker (B.), Anthologia ex Thermis Badensibus, op. cit.,* p. 33.

GOUEDO-THOMAS (C.), « Le thermalisme médiéval, de Flamenca à Michel de Montaigne, récits et images », in *Villes d'eaux, histoire du thermalisme,* Actes du 117e congrès national des sociétés savantes, Clermont-Ferrand, octobre 1992, Editions du Comité des travaux historiques et scientifiques, Colloques du CTHS, 10, Paris, 1994, pp. 1126.

MERVEILLEUX (D. F.), *Amusemens des bains de Bade en Suisse,* Londres, 1739.

MÜLLER (H. K.), *Ennetbaden – eine Monographie,* Ennetbaden, 1969.

MÜNZEL (U.), *Die Thermen von Baden, eine balneologische Monographie,* thèse E. T. H., Zurich, 1947.

– « Die kleinen Bader », in *Neujahrsblatt der Apotheke F. X Munzel in Baden, fur das Jahr 1947,* Baden, 1947.

– « Der Platz in den Grossen Badern zu Baden », in *Neujahrsblatt der Apotheke Dr. U. Münzel in Baden, fur das Jahr 1949,* Baden, 1949.

– *Baden und seine Gäste,* Baden, 1984, pp. 12-13, 31-33.

NEGRIER (P.), *Les bains à travers les âges,* Paris, 1925.

SCHULTHESS (L.), *Grundriss samtlicher Quellen Leitungen, BAder und Gasthofe zu Baden,* Zurich, 1817.

Les chutes du Rhin à Neuhausen

BRUNNER-HAUSER (S.), « Der Rheinfall durch die Jahrhunderte in Wort und Bild », in *Neujahrsblatter der Naturforschenden Gesellschaft Schaffhausen,* 12, Schaffhouse, 1960.

GUYAN (W. U.), STEINER (H.), « Der Rheinfall », in *Schweizer Heimatbücher,* 83, Berne, 1958.

GUYAN (W. U.), « Die Erforschung des Rheinfalls », in *Bodenseebuch,* 1942 pp. 18-23.

Schaffhouse

a.) *La ville au XVIe siècle*

WIPF (J.), *Reformationsgeschichte der Stadt und Landschatt Schaffhausen,* Zurich, 1929.

ZEHENDER (F.), *Beschreibung der Stadt Schaffhausen,* Schaffhouse, ca. 1860.

b.) *La « citadelle »*

MEYER (W.), WIPF (H. U.), « Der Munot in Schaffhausen », in *Schweizerische Kunstfuhrer GSK, sér. 51, n°. 501/502,* Berne, 1992.

« Beitrage zur Geschichte des Munots », in *Schaffhauser Beitrage zur Geschichte,* 66, éd par le 'Historischer Verein des Kantons Schaffhausen, 1966.

DURER, Albrecht, *Etliche Underricht zu befestigung der stett, Schloss und Fleeken,* facsimile de 1527, éd. par A. E. Jaeggli, Dietikon, 1971.

FRAUENFELDER (R.), *Der Munot zu Schaffhausen. Baugeschichtlicher Führer,* Schaffhouse, 1947.

– « Der Munot », in *Die Kunstdenkmaler des Kantons Schaffhausen,* t. 1, pp. 41-60, Bale, Birkhauser, 1951.

Stein am Rhein

FRAUENFELDER (R.), « Stein am Rhein », in *Die Kunstdenkmaler des Kantons Schaffhausen,* t. 2, pp. 3-333, Bâle, Birkhauser, 1958.

RIPPMANN, « Geschichte der Stadt Stein am Rhein », in *Die Kunstdenkmaler der Schweiz, Stein am Rhein,* Berne, Haupt, 1 957.

VOCK (P.), « Beitrage zur Kulturgeschichte der nordostschweizerischen Kleinstadt im Zeitalter der Reformation », in *Zürcher Beitrage zur Geschichtswissenschaft,* t. 7, Zurich, 1950.

WALDVOGEL (H.), *Bibliographie zur Geschichte der Stadt Stein am Rhein,* Stein am Rhein, 1950.

Bibliographie « Montaigne en Suisse » (addenda) :

BOUCHER (J.), « Voyages et cures thermales dans la haute société française à la fin du XVIe et au début du XVIIe siècle », in *Villes d'eaux, histoire du thermalisme,* Actes du 117e congrès national des sociétés savantes, Clermont-Ferrand, octobre 1992, Editions du Comité des travaux historiques et scientifiques, Colloques du CTHS, 10, Paris, 1994, pp. 41-53.

GOUEDO-THOMAS (C.), « Le thermalisme médiéval, de Flamenca à Michel de Montaigne, récits et images », in *Villes d'eaux, histoire du thermalisme,* Actes du 117e congrès national des sociétés savantes, Clermont-Ferrand, octobre 1992, Editions du Comité des travaux historiques et scientifiques, Colloques du CTHS, 10, Paris, 1994, pp. 1126.

NEGRIER (P.), *Les bains à travers les âges,* Paris, 1925.

INDEX

TABLE DES ILLUSTRATIONS

TABLE DES MATIÈRES